Für Männer verboten!

von Fred Alwen

ISBN: 3-8311-0154-X

Alle Rechte liegen beim Autor
Herstellung: Libri Books on Demand

Inhaltsverzeichnis

Vorwort

LiebeLeserin,

ich gratuliere Ihnen zum Erwerb dieser Lektüre. Sie wird Ihnen, und da bin ich sicher, auf Ihrem weiteren Lebensweg ein wertvoller Begleiter sein.

Bevor Sie die ersten Seiten aufschlagen, sollten Sie wissen, daß alle niedergelegten Erkenntnisse dem praktischen Leben entnommen wurden.

In kurzer, aktueller Form erhalten Sie viele Informationen, welche dazu dienen sollen, ein erfüllteres Leben anzustreben.

Der Autor

Die drei „L's"

„Aber, meine Damen", rief der Vortragende ins Mikrophon.
„Wer wird sich denn gleich so erregen?"

Referent Wohlgemuth blickte mit einem nachsichtigen Lächeln auf seine weiblichen Zuhörer, welche überaus zahlreich erschienen waren.

Nachdem sich allmählich die Ruhe wieder eingestellt hatte, fuhr er fort: „Meine sehr verehrten Damen, Sie haben mich hierher gebeten, um Ihnen von meiner Warte und Erfahrung aus vorzutragen, welche Voraussetzungen eine junge und moderne Frau in die Ehe mitbringen sollte. Ich halte mich strikt an dieses Thema. Wenn mich also manche hübschen und charmanten Zuhörerinnen laufend durch Zwischenrufe unterbrechen, verlieren wir nur wertvolle Zeit. Zeit also, welche manch andere Dame unter Ihnen gerne dazu nützen würde, um mehr über die Voraussetzungen einer glücklichen und erfüllten Ehe zu erfahren."

Der Referent war gerade an dieser Stelle angelangt, als sich in der ersten Reihe eine schwarzbehandschuhte Dame protestierend Gehör verschaffte.

Nachdem kein eindeutiger Widerspruch gegen ihre Wortmeldung erkennbar war, sagte er zu der Dame: „Also bitte, stellen Sie Ihre Frage."

Die Angesprochene erhob sich mit einem Ruck und sagte: „Herr Referent, bis jetzt habe ich den Eindruck, Sie sprechen nur über die Anforderungen, welche der Mann an die heutige Frau stellt. Aber als geschiedene Frau hätte ich auch gerne etwas über die Anforderungen erfahren, die die heutige Frau an den Mann stellen darf."

„Meine sehr verehrte Dame", antwortete der Vortragende, „ich kann Ihre Frage sehr gut verstehen, nur wie soll ich als Mann Ihnen diese Frage beantworten können? Meinen Sie nicht, daß dies eine Frau viel besser formulieren kann?"

Das kurze Beifallgemurmel schien darauf hinzudeuten, daß man dieser Frage im Augenblick kein größeres Interesse zuwenden wollte.

Referent Wohlgemuth, ein Mitvierziger in hellgrauem Maßanzug, nahm einen Schluck aus dem Wasserglas und fuhr dann fort:

„Wie ich Ihnen schon eingangs andeutete, sind eigentlich nur drei „L's", die in der Ehe für den Mann eine maßgebliche Rolle spielen.

„L — I" oder das „Liebchen"

Er wünscht sich an Stelle des ersten „L" das „Liebchen". Also die Frau, die ihm Haus und Hof versorgt, Kinder mit erzieht, die Wohnung in Ordnung hält, eine gute Köchin ist und alles tut, um die Voraussetzungen für eine gepflegte und harmonische Ehe zu schaffen." Wohlgemuth hatte kaum den letzten Satz ausgesprochen, als eine Zuhörerin in den Saal rief: „Pascha, Pascha, Pascha." Schließlich stimmten immer mehr

Damen in den Ruf ein, während sie dabei rhythmisch in die Hände klatschten.

„Ich kann Sie gut verstehen, meine Damen", sagte lächelnd Herr Wohlgemuth". „Sicherlich sind viele von Ihnen berufstätig, so daß Ihnen meine Ansichten als zu konservativ und überholt erscheinen mögen. Aber irgendwo müssen wir schließlich eine Norm aufstellen. Inwieweit Sie diese in Ihre Ehe einführen, bleibt Ihnen doch überlassen. Wenn Sie meinen Vortrag einmal von dieser Warte betrachten würden, wäre dies sicherlich für beide Teile von Vorteil." „... weiter, weiter, weiter", rief die Stimme aus dem Publikum. Eine Dame aus der dritten Reihe erhob sich und sagte: „Herr Referent, ich führe seit 20 Jahren eine sehr glückliche Ehe; vieles, was Sie bis jetzt gesagt haben, habe ich instinktiv getan, nun weiß ich, daß ich oft unbewußt meine Ehe richtig geführt habe. Sie haben mir dies bis jetzt nur bestätigt. Ich möchte daher darum bitten, daß wir uns einigen Sie nicht mehr mit weiteren Zwischenrufen zu stören. Ich glaube, liebe Zuhörerinnen, wir bestehlen uns selbst, wenn wir Herrn Wohlgemuth laufend unterbrechen. Wer für meinen Vorschlag ist, sollte jetzt die Hand heben." Die ersten Hände kamen sehr zögernd, schließlich war man sich einig, Herrn Wohlgemuth nun endgültig nicht mehr zu stören. „Meine verehrten Zuhörerinnen, wir waren uns also über „L — I" soweit einig, daß der Ehegatte sein „Liebchen" am Herd doch sehr zu schätzen weiß. Ja, daß eine Ehe durchaus scheitern kann, wenn die Hausfrau durch eine schlampige Haushaltsführung den Ehegatten von ihrer Schwelle treibt. Kaum ein Mann schätzt eine unordentliche Wohnung, eine schlecht gepflegte Gattin, kaltes oder angebranntes Essen oder Schulden, die seine Gattin beim Kaufmann macht. Was er sich wünscht, ist ein adrett gekleidetes Frauchen, welches sich zu pflegen weiß und ein freundliches Wesen ausstrahlt. Schließlich liebt er sie, will sie verehren und auch als Mann begehrt finden".

Der kurze Applaus, der folgte, zeigte dem Vortragenden, daß er in diesen Punkten mit seinen Zuhörerinnen übereinstimmte.

„Kommen wir also zur nächsten Voraussetzung für eine glückliche Ehe, zu „L — II". Das zweite „L" steht hier stellvertretend für das Wort „Lady", welches aus dem Englischen kommt und als Dame, vielleicht auch als vornehme Dame, übersetzt werden kann.

Erinnern wir uns, daß „L — I", also das „Liebchen" am Herd, ihren Wirkungsbereich ausschließlich im Haus findet, so dreht es sich bei „L — II", bei der „Lady", um eine Aufgabe, die die Gattin nach außen zu erfüllen hat.

„L — II" oder die „Lady"

Sie muß also repräsentieren können. Dies bedeutet nicht das Führen von Fachgesprächen mit Kollegen des Gatten oder gar mit dessen Chef.

Nein, es bedeutet, als Frau auch in der Öffentlichkeit, auf Partys und Geselligkeiten den eigenen Mann unauffällig zu unterstützen, sein Ansehen zu fördern; sei es durch Hilfsbereitschaft Dritten gegenüber oder durch das charmante Gespräch, das nie zu herabwürdigenden Äußerungen über Dritte absinken sollte.

Auch hier, in der Öffentlichkeit, möchte der Gatte auf seine Auserwählte stolz sein. Er möchte sie gerne vorzeigen. Ja, er möchte insgeheim von seinen Kollegen um sie beneidet werden. Gelingt ihr dies, so hat sie bereits die zweite Voraussetzung für eine glückliche Ehe erfüllt."

Herr Wohlgemuth nahm erneut einen Schluck aus dem Wasserglas und sagte: „Meine Damen, wir machen jetzt eine kurze Pause. Ich hoffe, Sie sind mit 10 Minuten einverstanden."

Die Zuhörer schienen dies jedoch ganz und gar nicht zu sein, denn sie trampelten mit den Füßen und riefen schließlich im Chor:„L — III, L — III, L — III".

Wohlgemuth klopfte aufs Pult und verschaffte sich Gehör.

„Meine Damen", sagte er ernst, „an „L — III" scheitern heute die meisten Ehen. „L— III" ist für Sie alle so wichtig, daß ich erst nach der Pause darauf zu sprechen kommen möchte. Gönnen Sie sich und mir diese Atempause, ich glaube, wir haben sie uns alle verdient." Als eine kleine Gruppe von fünf Frauen immer noch demonstrativ sitzen blieb und „L — III" rief, wandte sich Referent Wohlgemuth nochmals an seine Zuhörerinnen.

„Sie sind sicherlich, und das kann ich verstehen, neugierig, welches Wort sich hinter dem dritten „L" verbirgt. Um Ihren Pausengesprächen etwas Nahrung zu geben, erkläre ich mich bereit, eine Flasche Champagner derjenigen Dame zu spendieren, die mir als erste nach der Pause das richtige Wort, das „L — III" verkörpert, nennen kann. Ich hoffe, Sie sind mit diesem Vorschlag einverstanden."

Erst nach diesem Angebot gelang es dem Redner, sich einen Weg durch die eifrig diskutierenden Damen zu bahnen.

In der Pause blieb es natürlich nicht aus, daß man nochmals auf den Vorschlag im einzelnen einging. Schließlich waren hier so markante Voraussetzungen für eine gute und dauerhafte Ehe genannt worden, wie man sie sonst selten hörte. Viele der Damen hatten längst ihre Ehe darauf überdacht, ob sie auf „L — I" oder „L — II" Anspruch hatten. Viele verkündeten auch lautstark, an „L — I" sei bei ihnen überhaupt nichts auszusetzen. Und „L— II"? Wann nimmt mich mein Mann schon mal auf eine Party mit. Der geht ja selbst kaum aus. Außer im Urlaub! Na ja, da hat man ja schließlich Zeit und kann zukünftig auf „L — II" mehr Sorgfalt legen. So und ähnlich klang der Tenor, der aus den Wortfetzen zu entnehmen war.

Andererseits wollen immer nur die Männer eine Frau perfekt machen.

Die sollten einmal bei sich selbst anfangen, perfekt zu werden. Außer Fußball, Autos und Firmenklatsch interessiert die doch nichts!

Natürlich wurde auch nach dem dritten „L" gesucht. Was denn das bloß wieder für ein Wort sein würde. Mit dem Buchstaben „L" ließ sich ja wirklich viel anfangen. Aber wenn die meisten Ehen daran scheitern, dann ist es sicherlich auch nicht so schwierig, das richtige Wort zu finden.

Pünktlich nach der Pause saßen alle Zuhörerinnen wieder im Saal.

Als Referent Wohlgemuth das Podium betrat, lag noch ein Hauch von Röte auf den Gesichtern der meisten Damen, was verriet, wie heiß diskutiert worden war.

Nachdem der Vortragende nochmals eine kurze Zusammenfassung über die beiden ersten „L" gemacht hatte, kam er unvermittelt auf „L – III" zu sprechen.

Vorher wickelte er jedoch erst eine Flasche Champagner aus dem Papier und hielt sie sichtbar in die Höhe.

„Meine Damen, Sie sehen, ich habe Wort gehalten. Hier ist die versprochene Flasche. Nun bin ich aber neugierig, wem ich sie überreichen darf".

Eine ältere Dame hob die Hand. „Ja, bitte, Sie möchten schon etwas dazu sagen."

„Nein, das gerade nicht. Ich möchte nur vorschlagen, daß Sie die Flasche mit Ihrem Namenszug versehen. Wer sie auch schließlich gewinnt, es ist doch eine schöne Erinnerung." „Aber gern will ich das tun." Der Referent zog einen Tintenschreiber aus der Brusttasche und schrieb:

„In Verehrung und zur Erinnerung Ihr Wolfgang Wohlgemuth."

„Sie sehen," sagte er, wieder zum Publikum gewandt, „welchem Mann gelingt es schon, so vielen hübschen Damen nicht gefällig zu sein." Anschließend einigte man sich darauf, „L – III" durch Zuruf feststellen zu lassen. Man begann in der ersten Reihe. Jede Dame, welche die Hand hob, wurde gebeten aufzustehen.

Genannt wurden: „Liebe, Leidenschaft, lesbisch, lukullisch, lasterhaft, lieblos, Leckermäulchen, löblich, liderlich, politisch links, lümmelhaft, lächerlich . . ." und viele, viele andere Worte. Nachdem die Wortmeldungen versiegt waren, wurde es ziemlich still unter den Zuhörerinnen.

„Wie ich sehe, meine Damen, müssen wir den Champagner zusammen austrinken, da keiner von Ihnen das erlösende Wort genannt hat. Ich will Sie daher auch nicht länger auf die Folter spannen. Wenn Sie es hören, werden Sie sich sicher wundern, nicht selbst darauf gekommen zu sein."

„L – III"

„Also, es scheitern – nach wie vor – die meisten Ehen an „L – III",
welches stellvertretend für das altdeutsche Wort „Luder" steht. „L – III"
gleich „Luder" oder „Luderchen".

Trösten Sie sich bitte, schließlich war es nicht leicht, in dieser kurzen
Zeit dieses Wort ausfindig zu machen. Wir werden am Schluß meines
Vortrages die Flasche Champagner verlosen, so daß eine von Ihnen sie
in jedem Fall mitnehmen darf."

Referent Wohlgemuth kehrte zu seinem letzten Vortragspunkt „L – III"
zurück.

„Rückschauend können wir feststellen, wie wichtig „L – I" und „L – II"
in unserem Leben sind. Während „L – I" den häuslichen Bereich betrifft, also die adrette Hausfrau, verlangt „L – II" die Verwandlung
eben dieser Hausfrau in eine Lady, welche dem Mann zur Zierde und
zur Verehrung dienen soll. Bei ihr will er Kavalier sein, sie will er sorg-
fältig wie ein Juwel behandeln, um sie will er beneidet werden.

Der Wirkungsbereich von „L – III" fällt also weder in die Küche noch in
die Gesellschaft. Er fällt, um es profan auszudrücken, ins Schlafzimmer,
in die Intimsphäre der Ehegatten. Hier entstehen die meisten Ehekrisen.
Ja, im ehelichen Bett finden sie meist ihren Ausgangspunkt. Eine Frau,
die nur ihr eigenes Gefühlsleben kennt und von der Gefühlswelt des
Mannes keine Ahnung hat, muß zwangsläufig in gewisse Ehekrisen geraten."

Die Nacht im Schlafwagen

Wohlgemuth: „Lassen Sie mich an dieser Stelle ein Erlebnis einfügen,
welches mich später bewog, gerade diesem Thema einen
größeren Raum in meinem Vortrag einzuräumen.

Das Erlebnis, von dem ich Ihnen in diesem Zusammenhang berichten möchte, begann nachts in einem abge-
dunkelten Schlafwagenabteil. Ich reiste damals mit einem
Ferienzug aus dem Süden nach Deutschland zurück.

Außer einer Dame um die Sechzig und mir war niemand
in dem Schlafwagenabteil.

Während der Zug weich und federnd durch die Nacht glitt,
erzählte mir meine Reisegefährtin, die im obersten Bett
des Abteils lag, ausführlich aus ihrem Leben.

Sicherlich war es das fast dunkle Abteil, das sie ermutigte,
einem fremden Menschen soviel Vertrauen entgegenzu-
bringen. Wir hatten uns schon den ganzen Abend unterhalten, wobei ich ihr meine Ansichten über die Ehe und

insbesondere über die oft unglückseligen Reaktionen der Frauen in kritischen Ehesituationen erzählte. Auch, daß man die Männer oft falsch einschätzt und von ihnen gleich die Scheidung anstrebt, sobald man sie bei einem Seitensprung ertappt hat. Eheliche Treue, Achtung gegenüber der Gattin und die Befriedigung sexueller und erotischer Bedürfnisse sind nun einmal, von der Warte des Mannes aus gesehen, zwei sehr unterschiedliche Vorgänge. Nun, meine Reisebekanntschaft hörte sich dies alles an, stellte ab und zu eine Zwischenfrage und wurde bald ganz still. Schließlich, ich war fast schon am Einschlafen, begann sie plötzlich zu erzählen.

Sie hatte mit 21 Jahren einen Bankbeamten geheiratet, mit dem sie über zwanzig Jahre eine sehr glückliche, wenn auch kinderlose, Ehe geführt hatte.

Während einer Geschäftsreise lernte ihr Gatte in einer fremden Stadt eine Dame kennen, deren erotischer Ausstrahlung er in einer angeheiterten Stimmung erlag. Obwohl es bei diesem einmaligen Seitensprung ihres Gatten blieb, sorgten seine Kollegen durch einen anonymen Brief dafür, daß sie von dem Vorfall erfuhr. Empört stellte sie ihn zur Rede. Als er schließlich gestand, sich mit der besagten Dame einmal eingelassen zu haben, rief sie in seiner Gegenwart sofort ihre Mutter an. Ohne ihrem Mann noch weiter Gehör zu schenken, packte sie ihre Koffer und reiste zu ihren Eltern.

Er bat sie um Verzeihung und flehte sie an, ihn nicht zu verlassen. Er könne und wolle nicht ohne sie leben. Er erinnerte sie an all die glücklichen Ehejahre und weinte, als sie ging. Alles umsonst. Sie bestellte sich ein Taxi und verließ ohne Gruß die Wohnung.

Ich war über ihre Geschichte so erschüttert, daß ich sie erst nach einer langen Pause fragte, wie es denn weitergegangen sei. Mit flüsternder Stimme berichtete sie, daß ihr Mann ihren Weggang nie verwinden konnte. Vereinsamt und ohne ausreichende Pflege sei er schließlich an einer Lungenentzündung gestorben. Ich wußte, daß er nicht häuslich und kein Mensch war, der allein sein konnte; ihn allein zu lassen, war die furchtbarste Strafe, die ich ihm zufügen konnte.

Nachdem ich jetzt weiß, wie anders doch Männer fühlen, kann ich alles verstehen. Warum habe ich Sie denn nur nicht früher getroffen. Warum nur? Warum? Ich habe alles falsch gemacht. Alles!

Da sich mein Bett unter dem ihrigen befand, spürte ich plötzlich warme Tropfen auf meiner Hand. Es waren die Träner einer Frau, welche da im Dunkeln auf mich fielen. Tränen des Mitleids, Tränen der Reue. Tränen, die zwei Leben beweinten, welche durch ihre Unwissenheit und durch falschen Stolz und gekränkte Eitelkeit völlig sinnlos zerstört worden waren.

Sie werden verstehen, meine Damen, daß mich dieses Erlebnis natürlich sehr stark beeindruckte. Wahrscheinlich hätte diese Frau niemals so reagiert, wenn sie über die Gefühle der Männer besser informiert gewesen wäre. Aus diesem Grunde entschloß ich mich, von diesem Zeitpunkt an mein Bestreben darauf auszurichten, Frauen, die in solche ehegefährdenden Situationen geraten können, vorbeugend zur Seite zu stehen. – So entstand auch dieser Vortrag."

Ist Peter ein Versager ?

„Wie manche Entwicklungen einer Ehe in eine völlig unerwartete Richtung laufen können, mag Ihnen auch folgende wahre Begebenheit vor Augen führen:

Anläßlich eines Krankenhausaufenthaltes lernte ich Peter kennen. Wir lagen einige Wochen in demselben Zimmer und wurden bald sehr gute Freunde.

Vielleicht werden Sie dies verstehen, wenn ich alles erzähle, was ich mit Peter erlebte. Vorausschicken möchte ich aber einige grundsätzliche Begebenheiten. Peter war Mitte vierzig und das einzige Kind eines Textil-Großhändlers. Durch seine vermögenden Eltern war es ihm in seinem Leben noch nie schlecht gegangen. Er war mittelgroß, etwas korpulent und hatte ein heiteres, unbeschwertes, ja fast jugendhaft gebliebenes, unkompliziertes Wesen. Er war sehr viel gereist, und man konnte sich mit ihm wunderbar unterhalten. Ich kann mich nicht erinnern, jemals in so kurzer Zeit soviel gelacht zu haben, wie während dieses Krankenhausaufenthaltes. Dies war vor allem darauf zurückzuführen, daß Peter über die höchst seltene Gabe verfügte, sich über sich selbst lustig machen zu können. Eine seiner Redewendungen war zum Beispiel: ‚Also, weißt du, wie ich mich da wieder angestellt habe, das war zum Totlachen'. Er beschaute, ja ich muß schon sagen, bestaunte seine Reaktionen auf Ereignisse in seinem Leben, als ob er gleichsam nur als Zuschauer daneben gestanden wäre. Wenn ich sagte, Peter war ein Hans-Dampf-in-allen-Gassen und man konnte sich mit ihm über viele Themen gut unterhalten, so galt dies für ein Gebiet jedoch überhaupt nicht. Und zwar über die Frauen. Obwohl er seit 20 Jahren verheiratet und Verursacher von drei hübschen Töchtern war, kam er mit seiner Frau ganz und gar nicht zurecht.

Während er ein sorgloses und unbeschwertes Wesen ausstrahlte, war seine Frau das ganze Gegenteil. Schon bei ihrem ersten Besuch hatte ich den Eindruck, daß diese Frau seelisch sehr leiden mußte. Sie war sehr wortkarg und schenkte Peter kaum ein freundliches Lächeln. Als mich Peter, neugierig wie er war, nach dem zweiten Besuch seiner Gattin fragte, was ich von seiner Frau hielte, sagte ich ihm, daß er in der Tat eine sehr reizvolle, wenn auch etwas stille Frau hätte, die bei mir den Eindruck hinterlassen habe, als ob sie innerlich unter einem seelischen Druck stünde.

Er bestätigte dies sofort und sagte zu meinem großen Erstaunen: ‚Diese Frau lehnt mich ab‘! Auf mein verdutztes Gesicht ergänzte er: ‚Sie will mit mir keine sexuellen Beziehungen haben.‘ Auf meinen humorvollen Hinweis, daß er ja schließlich drei hübsche Töchter mit ihr gezeugt habe, winkte er ab und sagte, daß dies aber wirklich schon lange her sei. Na, immerhin, dachte ich bei mir. Aber es kam noch besser!

Peter erzählte mir nun auch, er habe sich eine Freundin zugelegt, denn durch die Rippen könne er seine überschüssigen Natursäfte schließlich auch nicht schwitzen.

‚Ja, liebst du denn deine Frau nicht mehr? Ist sie dir sexuell gleichgültig geworden?‘ fragte ich ihn. Nach 20 Ehejahren nützt sich vieles etwas ab. Nicht zuletzt auch die Liebe.

‚Im Gegenteil‘, gab er zur Antwort, ‚ich mag sie wie am ersten Tag. Ich bin manchmal richtig versessen auf sie.‘

‚Tja, und sie?‘ fragte ich.

‚Sie läßt das völlig kalt. Sie zeigt mir die kalte Schulter. Manchmal glaube ich, sie freut sich, wenn sie mich so hinhalten kann.‘ Das sieht in der Tat nach Bestrafung aus, dachte ich mir. Auf meine Frage, das könne ich nicht verstehen, daß sich eine Frau verweigere, wenn die drei Voraussetzungen der Ehe erfüllt sind: erstens ausreichendes Essen, zweitens, daß sie keinen Durst leidet, und drittens, daß ihr regelmäßig ihre körperliche Erlösung (sprich Orgasmus) zuteil wird: ich begann, da Punkt eins und zwei ausschieden mit Punkt drei. Daß diese verhärmte Frau keine sexuelle Erfüllung in ihrer Ehe fand, schien mir ziemlich sicher. Nur, wer war schuld?"

Zuruf aus dem Publikum: „. . . ein Versager, ist doch klar!"

Wohlgemuth: „Nun ging ich aufs Ganze los und wollte von Peter wissen, ob es beim ehelichen Verkehr auch bei seiner Frau zum Orgasmus kommen würde. ‚Orgasmus?', fragte er zurück, was ich denn damit meinte.

Ich traute meinen Ohren nicht. Mein Blick fiel auf den großen Stoß Jagdzeitungen, welche sich auf seinem Nachttisch türmten.

Ein erfolgreicher Geschäftsmann in reifen Jahren, Pächter einer großen Jagd, Besitzer von drei Jagdhunden, kurzum: ein im Leben gestandener Mann, will von mir wissen, was es mit dem Orgasmus auf sich hat.

Tja, sagte ich, nachdem ich mich von meiner Überraschung erholt hatte, nun wundert mich gar nichts mehr. Wenn du nicht einmal weißt, was ein Orgasmus ist (Höhepunkt der geschlechtlichen Erregung), dann wirst du deiner Frau auch wohl kaum zu einem verholfen haben.

Also, fiel er mir ins Wort, diese Frau regt mich sexuell dermaßen auf, daß ich schon fertig bin, bevor ich sie erst richtig gespürt habe.

Mich wunderte jetzt nichts mehr. Während er also Essen, Trinken und seinen Orgasmus genoß, wurde seine Frau um den ihrigen betrogen.

Wen konnte es also wundern, wenn diese Frau ihren Mann eines Tages abzulehnen begann.

Ich führte Peter vor Augen, welche Auswirkung solch ein Vorgang auf das seelische Befinden seiner Frau ausüben mußte. Während er sich mit der größten Selbstverständlichkeit seine seelische und körperliche Entspannung verschaffte, ließ er das gespannte sexuelle Begehren seiner Frau außer acht und stieß ihren erhitzten Körper — bildlich gesprochen — ins eiskalte Wasser. Diese seelische und körperliche Dusche mußte schließlich dazu führen, daß seine Frau ihn haßte. Der weibliche Körper ist wie ein feingestimmtes Klavier, gab ich Peter zu verstehen. Wer dieses Klavier richtig spielt, seine Finger über alle Tasten streichen läßt, wird dafür durch eine phantastische Harmonie belohnt. Es gibt nichts im Leben, das einen Mann mehr befriedigen könnte, als die überirdische Klangfülle dieses herrlichen Instrumentes, das uns Männer immer wieder neu beglückt.

Mein sonst so heiterer Freund Peter war sehr still geworden. Er, wie mir schien, saugte wie ein trockener Schwamm jedes Wort in sich auf. Sein verdutztes Gesicht verriet dies in unmißverständlicher Sprache.

Über alles bist Du informiert, gab ich ihm ohne stillen Vorwurf zu bedenken, nur über das Wichtigste im Leben, über die Liebe zu deiner Frau bist du von unverantwortlicher Ahnungslosigkeit.'

Da er mir nun in seinem selbstzerfleischenden Jammer leid tat, ergänzte ich, daß bereits königliche und kaiserliche Häuser mit diesem Problem konfrontiert waren. So berichtet man von einem hohen Adeligen, welcher sich seinem Leibarzt anvertraut hatte, daß dieser ihm folgenden Rat gegeben haben soll:

‚Wenn Eure Durchlaucht unter vorschnellem Samenerguß zu leiden haben, dürfen Hoheit ruhig auch Hände und Finger einsetzen, um bei Ihrer Durchlaucht Gattin erstmals ausreichende Stimulanz für das Finale zu erreichen.'

(Gelächter im Saal)

Wie uns diese wahre Begebenheit lehrt, kommt es immer wieder zu solchen Situationen, die den oben beschriebenen sehr ähnlich sind. Deswegen sollte jede Frau von sich aus durch Worte oder Handlungen ihrem Partner zu verstehen geben, daß auch sie sexuelle Erlösung erreichen will. Sicherlich ist gerade die Frau durch angeborene Schamhaftigkeit dazu oft nicht in der Lage, ihre Gefühle so offen einzugestehen. Aber bedenken wir, bevor es zu solch schweren seelischen Erschütterungen kommt, daß es hier viel besser ist, seinen Freund oder Gatten darauf hinzuweisen, daß man mit ihm auf diesem Gebiet nicht zu Rande kommt. Man sollte ihn dann zumindest darauf ansprechen, daß er nach dem Rat des Leibarztes verfährt, damit auch der Partnerin der für sie notwendige Lustgewinn – der Orgasmus – zuteil wird.

Diese beiden von mir eben erzählten wahren Begebenheiten zeigen Ihnen bereits auf, welche Fülle von Eheproblemen auf Sie einstürmen und sich zum Orkan für die Ehe entwickeln können, wenn sie nicht richtig erkannt und behandelt werden. Da nun mal der eine Teil für eine glückliche Ehe der Mann ist, sollte man sich soviel Wissen und Informationen über ihn verschaffen, daß man sich niemals zu falschen oder übereilten Handlungen hinreißen läßt, die oftmals zur Zerstörung eines sonst annehmbaren Ehelebens führen.

Vergessen wir niemals: Ein Mann wurde vom Schöpfer mit einer brennenden Sexualflamme versehen, welche zu einer sehr starken Triebhaftigkeit führt. Zu einem ungleich stärkeren Sexualbegehren, als es die Frau kennt. Auch blüht selten in der Männerbrust die zarte Pflanze fraulicher Anlehnung an den Ehepartner.

Seine seelischen Liebesempfindungen sind von viel robusterer Art. Seit seinem Auftauchen auf der Erde mußte der Mann einen harten Kampf ums tägliche Brot führen. Er mußte für Nahrung sorgen, kämpfte mit wilden Tieren, und es bedurfte vieler Jahrhunderte, bis er sich zum kultivierten Liebhaber, der mit Macht seinen Sexualtrieb unter Kontrolle hält, entwickelte.

Eine moderne Frau in unseren Tagen wird daher an den Mann nicht höhere Anforderungen stellen können, als er bei aller Anstrengung schaffen kann.

Ich spreche hierbei seine Sexualbezogenheit auf die Umwelt an. Ein Mann kann seine Frau abgöttisch lieben, was ihn aber oftmals nicht hindert, seinen stets in ihm lodernden Sexualtrieb an irgendeiner weiblichen Zufallsbekanntschaft abzureagieren. In Ihren Gesichtern, meine Damen, sehe ich zum Teil das blanke Entsetzen. Und dies mit Recht! Nur urteilen Sie jetzt vorschnell, wenn Sie Ihr eigenes Gefühlsleben in ein Wunschdenken verwandeln und dies in Ihren Gatten oder Liebhaber hineinprojezieren möchten.

Sie werden sich im Leben viele falsche Entscheidungen ersparen, wenn Sie dessen eingedenk bleiben. In einem Mann schlagen in dieser Hinsicht zwei Herzen. Einmal das der keuschen Liebe, die rein und aufrichtig ist, und dann das Herz des Jägers, der auf Wild aus ist. Sei es bei der Jagd auf Tiere in der freien Wildbahn, sei es auf der Jagd nach dem schönen Geschlecht, nach Ihnen meine verehrten Damen. Ziehen Sie stets in Betracht: Ein Mann unterliegt während den Jahren seiner Zeugungskraft einem allgegenwärtigen Sexualtrieb, der seiner Art vom Schöpfer auf den Weg gegeben worden ist. Damit fertig zu werden, den täglichen Anfechtungen des Fleisches entgegenzuwirken, das ist sein ureigenster Kampf. Ein Kampf, der sehr oft zwischen der Treue zur liebenden Gattin und dem Verlangen nach der ihn sexuell anregenden Frau geführt wird."

Das Sexweibchen

„Die Anziehungskraft dieses ‚Sex-Weibchens' ist so groß, daß ihn weder ihr schlechter Ruf, ihre Dummheit oder ihre sonstigen charakterlichen Mängel stören.

Für seinen Zweck, die Befriedigung seines Lustgefühls, spielen all die Eigenschaften, die wir in ‚L-I' und ‚L-II' besprochen haben, überhaupt keine Rolle.

Kommt also ein Mann bei seiner ihm angetrauten Gattin erotisch und sexuell nicht voll auf seine Kosten, wird er solange auf der Suche nach der willfähigeren Partnerin sein, bis er sie gefunden hat. Er wird auf der Suche nach ‚L-III' sein, auf der Suche nach dem ‚Luder'. Nach ihr dürstet er, zu ihr treibt es ihn hin.

Ich sehe es Ihren Gesichtern zum Teil an, welche Wirkung diese Tatsachen auf Sie haben. Ich bitte daher um Nachsicht, sollte ich in der Wahl meiner Worte zu hart, zu gravierend oder gar verletzend gewesen sein. Aber wollen Sie die Gattung Mann richtig verstehen, dann würde es wenig nützen, wenn ich all diese Fragen aussparen und damit unter den Teppich kehren würde. Mit dem Wissen um diese Dinge wird es auch Ihnen gelingen, einen Weg zu finden, der Ihrem Gatten all die ‚L's' erfüllt, die eine gute Ehe benötigt. Sicherlich gebe ich Ihnen recht, wenn Sie die Verwandlung der Gattin von ‚L-I' und ‚L-II' nach ‚L-III' ablehnen. Welch ein Widerspruch! Welch ein gegensätzliches Verlangen, das hier vom Gatten an seine Frau herangetragen wird.

Soll sie ‚L-III' auch noch lernen?! Nein, niemals! Das Luder im Ehebett, das schaffe ich nicht. Nein, nein und nochmals nein — niemals!"

Das Frage-und-Antwort-Spiel

„Meine Damen, mein Vortrag ist damit zu Ende, und wir kommen programmgemäß zur Diskussion und zum Frage-und-Antwort-Spiel. Wer also noch Fragen an mich hat, sollte sie jetzt stellen. Tun Sie dies ohne Scheu! Fragen Sie alles, was Ihnen persönlich wichtig erscheint, und haben Sie keine Hemmungen. Ich werde versuchen, jede auch noch so delikate Frage zu beantworten."

Ich bitte um Wortmeldungen.

Die Einladung zum Abendessen

„Ja, bitte, die Dame mit der weißen Bluse."

Frl. Lange: „Herr Referent, bei meiner Bürotätigkeit stelle ich immer wieder fest, daß die Männer oft uns Frauen gegenüber in ihrem sexuellen Begehren sehr direkt, ja, oft plump und verletzend sind. Liegt das an der schlechten Erziehung, oder können sie ihren Trieb so schlecht unter Kontrolle

	halten? Wenn man einmal mit einem Mann ausgeht und er hat einem das Abendessen spendiert, möchte er gleich hinterher sein sexuelles Abenteuer! Was meinen Sie dazu?"
Referent:	„Wie ich Ihnen in meinem Vortrag sagte, ist der Mann von Natur aus ein Jäger. Wenn Sie abends mit ihm zum Essen ausgehen, hofft er ohne Zweifel darauf, daß es zu sexuellen Beziehungen kommt."
Frl. Lange:	„Na, das muß man schließlich wissen. So schnell sollte man also dann auch eine Einladung nicht annehmen."
Wohlgemuth:	„Sie haben in der Tat recht. Wenn Sie auf keinen Fall mit diesem Mann intim sein möchten, schlagen Sie diese Einladung sofort aus. Sie tun sich und dem Mann damit einen großen Gefallen."
Frl. Lange:	„Ja, kann man sich denn mit einem Mann abends gar nicht unterhalten, ohne Hintergedanken befürchten zu müssen?"
Wohlgemuth:	„Doch, das können Sie schon. Nur, sagen Sie es ihm (lautes Gelächter im Saal)
Frl. Lange:	„Sie hören ja, wie die Damen lachen. Das ist schließlich nicht einfach."
Wohlgemuth:	„Ich glaube persönlich, man kann alle Dinge einem Mann sagen, wenn man die richtigen Worte wählt. Also seine Wünsche entsprechend verpackt, wenn ich einmal so sagen darf."
Frl. Lange:	„Geben Sie mir ein Beispiel!"
Wohlgemuth:	„Aber gerne. Nehmen wir an, ein Kollege oder Freund lädt Sie zum Abendessen ein. Außer an seiner Gesellschaft liegt Ihnen an nichts. Nun, dann können Sie doch ungefähr Ihre Wünsche so formulieren: Ich will gerne mit Ihnen zu Abend essen, wenn Sie mich anschließend sofort nach Hause bringen. Ich hatte heute einen so anstrengenden Tag, daß ich beizeiten im Bett liegen möchte."
Frl. Lange:	(lächelnd): „Dann lädt er mich vielleicht gar nicht erst zum Essen ein."
Wohlgemuth:	„Das ist schon möglich. Das Risiko müssen sie schon auf sich nehmen."
Frl. Lange:	„Das sind ja nette Aussichten."
Wohlgemuth:	„Sie können natürlich auch schweigen und sich sagen: Ich werde schon mit ihm fertig, wenn er gegen meinen Willen zudringlich wird. Aber fair wäre es wohl, ihm unmißverständlich zu zeigen, daß er sich auf keinen Fall irgendwelche Hoffnungen machen darf. Andererseits könnte es ja

	sein, er versteht es, Sie an diesem Abend so zu stimulieren, daß Sie ihm schließlich doch gerne zu Willen sind. Wer will dies vorher manchmal wissen?"
Frl. Lange:	„Würden nicht viele Männer sofort eine Dame verachten, wenn sie sich gleich am ersten Abend von ihm erobern läßt?"
Wohlgemuth:	„Das ist eine sehr gute Frage und generell nicht zu beantworten. Manchmal kann es die Zuneigung durchaus steigern, wenn man sich dem Mann rar macht und ihn hinhält. Hat er ernste Absichten, nimmt er dies auch ohne Frage in Kauf, so schwer es ihm auch fallen mag. Mir fällt da ein Ausspruch ein, den ich Ihnen gerne zum Besten geben möchte, der lautet: ‚Was ist der Unterschied zwischen einem Don Juan und einem Gentleman?' Die Antwort: ‚Letzterer hat es nicht so eilig.'"
Frl. Lange:	„Wissen Sie, einfach ist es mit den Männern wirklich nicht. Geht man mit ihnen aus, erwarten sie sofort, man möchte sich ihnen hingeben. Tut man es, läuft man Gefahr, für ein billiges Frauenzimmer gehalten zu werden. Wehrt man sich dagegen, sieht es danach aus, man wolle nur zu einem billigen Abendessen kommen. Sagt man aber schon vorher, man möchte beizeiten nach Hause gebracht werden, fällt wahrscheinlich das Abendessen aus."
Wohlgemuth:	„Damit sind wir wieder am Ausgangspunkt, wo ich Ihnen gesagt habe, unmißverständlich durchblicken zu lassen, daß man an einem Abenteuer nicht interessiert ist. Sie ersparen sich damit nur unerfreuliche Situationen."

Die Tochter läuft nackt

„Die nächste Dame, bitte."

Frau Unruh:	„Meine Tochter hat vor zwei Jahren geheiratet. Es war eine Liebesheirat. Die erste Zeit hätte mein Schwiegersohn sie am liebsten ‚mit Haut und Haaren' aufgefressen, wie man so sagt. Seit einigen Wochen liegt ihm anscheinend überhaupt nichts mehr an ihr. Sie heult ständig und kann sich nicht erklären, daß er sie auch im Bett nicht mehr begehrt. Jedenfalls ganz selten. Von einem Jäger ist da nicht mehr viel zu merken."
Wohlgemuth:	„Ich danke Ihnen für diese hochaktuellen Fragen. In der Tat, warum sind sich junge Eheleute heute so rasch satt? Meist haben sie sich schon nach wenigen Monaten nichts mehr zu sagen. Die Antwort hierauf ist meiner Meinung nach gar nicht so schwierig, wenn wir uns etwas zurücker-

innern. Scham, Zurückhaltung, diskrete Verschwiegenheit über alles, was mit Sexualfragen zu tun hat, wurde in der Vergangenheit meist unterdrückt oder kaum behandelt. Heute schlägt das Pendel nach der anderen Seite aus. Kaum Schamgefühle, kaum Zurückhaltung. Man zeigt alles zu schnell, zu früh, zu unmißverständlich. Ein Mann, er mag noch so leidenschaftlich veranlagt sein, wird sexuell bald kein Interesse mehr an dem Körper seiner Frau zeigen, wenn er diesen täglich im grellsten Tageslicht zu sehen bekommt. Seine männliche Neugierde wird sich abnützen, wird abstumpfen und kann bis zur Interesselosigkeit absinken."

Frau Unruh: „Ich habe meiner Tochter oft gesagt: ‚Kind, laufe doch nicht so nackt durch die Wohnung!' Die Männer wollen das doch gar nicht. Aber die heutige Jugend weiß ja alles besser."

Wohlgemuth: „Sie sehen dies richtig. Vergleichen wir einmal den Mann mit einem Spaziergänger. Was glauben Sie, was er wohl interessanter findet: Den gepflegten Wald, der so hell ist, daß man von der einen Seite auf die andere blicken kann, oder den dichten Urwald mit all seinen Geheimnissen und dunklen Schleichwegen und Höhlen. Wo jeder Meter neu erkämpft und erobert werden will. Eine junge Frau sollte um diese Dinge wissen, bevor sie eine Ehe eingeht. Der Mann bleibt auch in der Ehe noch der Jäger. Er will erobern. Er will es auch bei seiner Frau nicht zu leicht haben. Er will das Wild erlegen, aber ohne Kampf macht es eben bald keinen Spaß mehr. Lassen sie mich an dieser Stelle eine kleine Geschichte einfügen, welche die Situation gut beleuchtet.

Vergleichen wir die Frau mit einer Festung, welche von einem Ritter angegriffen wird. Dieser Ritter ist so auf die Einnahme versessen, daß er alle Widerwärtigkeiten nicht nur in Kauf nimmt, sondern diese seine Angriffslust noch steigern. Zunächst rennt er mit Holzstämmen gegen das gut verschlossene Tor und holt sich rissige Hände. Dann probiert er es mit einer Leiter, die umgestoßen wird, als er sie zur Hälfte erklommen hat. Schließlich versucht er mit bloßen Händen, die Burgmauer zu erklimmen. Endlich gelingt es ihm über diesen Weg, in die Burg einzudringen. Mit blutenden Knien, an Leib und Seele erschöpft, freut er sich des errungenen Sieges. Endlich ist es ihm gelungen, die schier uneinnehmbare Burg zu erobern. Mut und Intelligenz mußte er einsetzen, um zum Ziel zu kommen. Erst all diese Attribute machten den Sieg für ihn lohnenswert.

Trotz der vielen Abweisungen ist er doch noch der Sieger geblieben. Als er nun das nächste Mal in die Burg will, verfügt er ja über die einschlägigen Erfahrungen. Sein zerschundener Körper ist ihm noch zu gut in Erinnerung, als daß er daraus nicht gelernt hätte. Kurzum, diesmal erscheint er gleich mit einer kleinen Kanone, die er hinter sich herzieht und mit der er die Burg sturmreif schießen will. Diesmal soll sie es ihm nicht mehr so schwer machen, das hat er sich geschworen. Im Geist durchsteht er bereits den neuen Kampf, überlegt, von welcher Seite er diesmal in die Festung kommen könnte.

Aber wie groß ist sein Erstaunen, als er seine Kanone schwitzend um die letzte Kurve zieht und sie in Stellung bringen will. Er traut seinen Augen nicht. Das darf doch nicht wahr sein! Das Tor steht ja weit auf. Ja, nicht nur das, die Wächter stehen und winken, er solle nur kommen.

Sehen Sie, meine Damen, so geht es heute vielen jungen Männern. Sie haben sich meist das erste Mal reichlich Abfuhren geholt, bis sie erhört wurden. Wurden sie es aber schließlich, dann geht es ihnen wie unserem Ritter, der plötzlich und unerwartet um seinen Kampf betrogen wurde. Mit diesem Vergleich möchte ich die Frage beantworten, wie Männer auf allzuviel Nacktheit eventuell reagieren können."

Die Sex-Freundin für den Sohn

Frau Kühn: „Mein Sohn ist 18 Jahre und hilft im elterlichen Geschäft. In letzter Zeit ist er so gereizt und nervös, daß er für uns zu einem einzigen Ärgernis geworden ist. Mein Mann meint, er solle sich eine Freundin anschaffen, bei der er seine überschüssigen Kräfte los wird. Ich finde diesen Vorschlag unmoralisch!"

Wohlgemuth: „Zweifellos wird Ihr Sohn mit seinem aufkommenden Geschlechtstrieb nicht fertig und hat Mühe, ihn unter Kontrolle zu halten. Dadurch wird er nicht nur zu einer Belastung für Sie, sondern auch für das Geschäft. Ihr Problem ist heute nicht selten, da, wie Sie wissen, die jungen Leute viel früher die Geschlechtsreife erreichen als vor Jahren, andererseits geistig oftmals noch unreif sind.

Der Vorschlag ihres Mannes bringt natürlich eine Gefahr. Wo findet sich schon eine Freundin nur für einen sexuellen Zweck. Mir fällt hierbei ein, daß angeblich reiche Väter im Orient ihren Söhnen ein Extra-Taschengeld geben, damit sie regelmäßig eine Prostituierte aufsuchen können.

Diese Söhne würden hinterher auch bereitwillig die reiche Frau heiraten, die der Papa ihnen ausgesucht hat. Sicherlich sagen sich die Väter im Orient, daß derjenige, der die Sexualität in jungen Jahren so hautnah genossen hat, sie niemals mehr überbewerten wird. Vorherrschen mag dort auch die Überlegung, daß man Frauen wohl von Zeit zu Zeit für das leibliche Wohlbefinden braucht, aber sie werden abserviert, wenn man gegessen hat.

Dieser kleine Ausflug beantwortet natürlich nicht konkret die Frage, die Ihren Sohn betrifft. Lassen Sie mich daher noch einige Gedanken hinzufügen. Daß sich junge Leute mit dem auf sie einstürmenden Geschlechtstrieb schwertun, ist kein Geheimnis. Die Auswirkungen sind jedoch sehr unterschiedlich. Bekanntlich schafft die Natur insofern einen Ausweg, indem nächtlicher Samenerguß die überflüssigen Samenzellen abführt. Sport und lange Wanderungen sind ebenfalls Wege, überschüssige Kräfte abzubauen. Jeder junge Mann muß durch diese Zeit der sexuellen Enthaltsamkeit hindurch. Durch Selbstdisziplin kann hier manches erreicht werden. Bekanntlich helfen sich hier auch viele junge Menschen durch Onanie – also Selbstbefriedigung, die durchaus nicht schädlich ist, wie neuerliche wissenschaftliche Untersuchungen ergeben haben. Ich kann diese Überlegungen nur weitergeben. Da Sie Ihrem Sohn ja helfen möchten: Üben Sie Nachsicht! Er braucht sie in diesem Alter sehr."

Der Ehegatte sucht mehr Genuß

Frau Knapp: „Meine Tochter war beim Scheidungsanwalt, da sie ihr Mann mit einer geschiedenen Frau betrügt. Nach dem, was ich in Ihrem Vortrag gehört habe, bin ich nun nicht mehr dafür, daß sie sich scheiden läßt. Ich weiß, mein Schwiegersohn liest gerne Pornohefte. Meine Tochter findet, dies sei abartig und schmutzig. Seit mein Schwiegersohn weiß, wie sie über seine Pornohefte denkt, hat er sich eine Freundin gesucht."

Wohlgemuth: „In welchem Alter ist ihr Schwiegersohn?"

Frau Knapp: „Er ist im letzten Monat 38 geworden."

Wohlgemuth: „Auch diese Ehe wird an ‚L-III' scheitern, wenn Ihre Tochter nicht einen Weg findet, auf dem sie wieder zu ihrem Mann findet. Dieser Fall ist geradezu typisch für viele bewährte Ehen. Der Mann verlangt nach Jahren der sexuellen Hausmannskost plötzlich nach raffinierteren Gerichten.

Die Gattin ist entsetzt und gekränkt, wie wenig plötzlich jene Kost gefragt ist, welche dem Gatten über viele Jahre hindurch geschmeckt hat. Sie findet es unter ihrer Würde, auf seine sexuellen Ansprüche einzugehen. Den Gatten seinerseits regt diese Pornoliteratur ungemein an. Vergessen wir nicht, daß ein Mann niemals mit dem Erregungsthermometer der Frau gemessen werden darf. Während sich oft ihr Temperament gerade erwärmen kann, ist seines bereits am Siedepunkt. Wie Sie bei der letzten Frage gehört haben, findet die Gattin diese Pornohefte abartig und schmutzig. Der Gatte sucht aber gerade in dieser von ihr abqualifizierten Pornographie mehr sexuelles Erlebnis, ja, mehr sexuellen Genuß. Er will Lust genießen, besser, länger und intensiver als bisher. Er ist in dieser Hinsicht ganz einfach anspruchsvoller geworden."

Frau Knapp: „Ein guterzogener Gentleman wird niemals von seiner Gattin auch nur im entferntesten solche Dinge verlangen.

Wohlgemuth: Er sucht sie, wie in der Frage zum Ausdruck kam, woanders. Sicherlich werden Sie jetzt sagen: Pfui, Teufel, dies ist kein Gentleman, in meinen Augen ist dies ein minderwertiger Mensch, der es nicht fertigbringt, seinen Geschlechtstrieb zu kultivieren."

(Beifall in Zuhörerreihen)

Wohlgemuth: „Sie sehen, wir sind uns hier durchaus einig. Nur, die Ehe der Tochter der Fragestellerin wird, so fürchte ich, geschieden werden. Seine Gattin bezeichnet als Schmutz, was er bei einer anderen als großen Genuß empfindet. Da sie auf sein Ansinnen abweisend reagiert, hat er sich einen Ausweg gesucht. Er geht nun zu einer Sex-Partnerin, die ihm seine erotischen Wünsche erfüllt."

Frau Knapp: „Wird er, sollte die Ehe geschieden werden, dieses Frauenzimmer auch heiraten?"

Wohlgemuth: „Das ist nicht anzunehmen. Er sucht ja keine Frau zum Heiraten, also eine Dame mit ‚L-I‘, ‚L-II‘ und ‚L-III‘. Er sucht ausschließlich ‚L-III‘: das ‚Luderchen‘ im Bett. Am liebsten natürlich im Ehebett. Da dies durch die Einstellung ihrer Tochter nicht möglich ist, verschafft er sich als Ersatz die Lustgespielin eben außer Haus." —

Zwischenruf: „Die bekommt er doch nicht umsonst."

Wohlgemuth: „Da haben Sie recht. In der Regel sind diese Frauen, die den Männern Lust gewähren, echte Lustverkäuferinnen."

Zwischenruf: „. . . und die Kundschaft dieser Lustverkäuferinnen haben wir alle zu Hause."

(lautes Gelächter)

Weiterer Zwischenruf: „Die kaufen sich Lust und wir ihnen die Socken."
(schallendes Gelächter)
Eine andere Hörerin: „Warte, meinem werde ich einheizen. Von wegen auswärts naschen, daheim wird gegessen und daheim wird bezahlt . . ."

Wohlgemuth: (schafft sich lächelnd Ruhe)
„Meine Damen, ich freue mich in der Tat, daß Sie dieses Thema so erheitert."

Junge Ruferin: „Herr Wohlgemuth, Sie glauben doch nicht, daß wir es nicht auch fertigbringen, was diese ‚Dämchen' da zu bieten haben."
Lautes Protestgeschrei: „Porno muß weg!"

Wohlgemuth: „Aber meine Damen! Verlangen Sie bitte nicht von mir eine Stellungnahme für oder gegen die Pornographie. Dies ist nicht meine Aufgabe. Es kommt mir nicht zu, dieses Zeitphänomen zu kritisieren. Mein Ziel ist es, diese Vorgänge zu analysieren. Ziehen Sie für Ihr Leben die Schlüsse daraus, die Sie für richtig halten."

Wie lange hält die „Liebes-Ehe"?

Frau Abraham: „Ich habe eine Schwester. Sie ist sehr unglücklich, obwohl sie einen Mann geheiratet hat, den sie abgöttisch liebt. Sind Liebesehen weniger stabil als sogenannte Vernunftsehen?"

Wohlgemuth: „Das kommt wohl immer auf die jeweiligen Partner an. Erfahrungsgemäß kann eine Liebesehe, in welcher der männliche Partner einige Jahre älter ist, durchaus glücklich werden und bleiben. Der Grund dafür ist einfach die Tatsache, daß der Ehegatte meist schon ein gestandener Mann ist, sich also eine gewisse Lebensstellung im Beruf erworben hat und damit in der Lage ist, seiner Frau einen finanziellen Rahmen zu bieten. Welche junge Frau schätzt es schließlich nicht, in eine eigene Wohnung einzuziehen und vor dieser Wohnung einen flotten Wagen zu finden. Muß sie selbst mitarbeiten, um diese Voraussetzungen für die Ehe mitzufinanzieren, können natürlich allein von der finanziellen Belastung her unvorhergesehene Schwierigkeiten für die junge Frau eintreten."

Frau Abraham: „. . . und wenn dann noch ein Baby unterwegs ist?"

Wohlgemuth: „Ist die Liebe in der Tat sehr schweren Prüfungen unterworfen. Statt zwei unerfahrenen Menschen müssen jetzt gleich drei aneinander gewöhnt werden. Fällt schließlich durch das Baby noch das Einkommen der Gattin aus, kann die junge Ehe in starke Bedrängnis geraten. Stellen Sie sich bitte vor, zwei junge Menschen, von denen keiner über ausreichende Lebenserfahrungen verfügt, heiraten, weil ein Baby unterwegs ist. Sie ziehen in eine billige und damit doch meist zu kleine Wohnung. Diese Ehe wird leicht in eine materielle und seelische Bedrängnis geraten, wenn nicht die Eltern der Eheleute Hilfestellung finanzieller Art geben. ,Die Liebe', sagt ein altes Sprichwort, ,geht durch den Magen'. Damit ist angedeutet, wie nichitg materielle Voraussetzungen sind, wenn Liebe nicht durch äußere Widerwärtigkeit zum Ersticken gebracht werden soll."

Der Vater haßt sein Baby

Frau
Kraus:

„Obwohl wir unseren Sohn laufend mit Geld unterstützen, da er noch nicht lange verheiratet ist, haßt er sein Baby. Jedenfalls behauptet dies meine Schwiegertochter. Ich finde diese Behauptung empörend."

Wohlgemuth:

„Nun, so abwegig ist dies durchaus nicht! Sie werfen hier ein Problem auf, welches von brennender Aktualität ist. BedenkenSie bitte: Der junge Ehegatte führt ein Mädchen als seine Frau an den Traualtar, welches jung und hübsch ist, welches er vergöttert, weil es immer für ihn, und nur für ihn allein, da ist. Ihr ganzes Leben dreht sich zunächst um das des jungen Gatten. Sie beschenkt ihn nicht nur mit einem jungen unverbrauchten Körper, sie widmet ihm auch ihr ungeteiltes persönliches Interesse, sei es in beruflichen Fragen, oder sein Hobby, welches er pflegt, oder auch gemeinsame Spaziergänge. Ihr Leben dreht sich nur um sein Wohlergehen. Dies ändert sich schlagartig durch die Geburt eines Babys. All die aufgezählten Annehmlichkeiten fallen nun oftmals über Nacht ins Wasser, denn durch die Geburt des Babys wurde die junge Gattin zur Mutter. Die Schmerzen der Geburt haben sie gottgewollt und naturbedingt so gravierend geprägt, daß sie fürderhin nur noch in erster Linie für das Baby da sein wird. Dies für viele, viele Jahre. Die Erst-Geburt im Leben einer Frau ist von so großer Bedeutung, daß deren Wichtigkeit auch nicht annähernd genug herausgestellt werden kann.

Wie eine Löwin verteidigt sie nun ihr Kind. Aus dem romantisch verklärten und verträumten Mädchen ist eine Mutter mit handfesten Interessen für ihr Baby geworden. Von nun an dreht sich das Leben nicht mehr um seine Belange, sondern um die des Kindes. Welche Möbel ins Kinderzimmer sollen, wie die Farbe des Kinderwagens sein soll, ob es im Ehebett der Eltern schlafen soll oder wenigstens im Elternschlafzimmer bleiben darf und dergleichen mehr. Der Gatte steht nun dieser Wandlung seiner Frau schmerzlich gegenüber. Erinnert er zaghaft daran, neben dem Baby auch noch da zu sein, wird er schnellstens darüber belehrt, daß das Baby erst versorgt werden müsse. Wird er wütend ob der eingetretenen Vernachlässigung, schimpft sie ihn sofort einen Egoisten, der nur an sich denke."

Frau Kraus: „Aber viele Männer freuen sich doch selbst über die Ankunft eines Babys."

Wohlgemuth: „Sicherlich. Nur, wenn es die junge Gattin nicht versteht, neben der Rolle der Mutter auch die Rolle der Geliebten zu behalten, stehen der jungen Ehe die ersten Belastungsproben ins Haus. Vergessen wir niemals: Es war das junge Mädchen, welches alle Zuneigung und Interesse mit ihm teilte. Nun ist sie eine durch große Geburtsschmerzen geprägte junge Frau. Ihr Schöpfer hat sie durch die Wehen an das wehrlose Kind gefesselt. Schließlich braucht das Neugeborene den ungeteilten Schutz der Mutter."

Frau Kraus: „Aber das muß dem jungen Mann doch einleuchten, daß er doch nicht nur an sich denken kann!"

Wohlgemuth: „Nun, welcher junge Mann findet sich gerne mit der neuen Zweitrolle ab? Ohne Frage ist die junge Mutter in der neuen Rolle überfordert. Die Erfahrung lehrt uns nämlich, daß der junge Vater nun ebenfalls einen Wandel durchmacht. Während er früher fast die ganze Freizeit mit seiner jungen Frau verbrachte, sucht er, innerlich enttäuscht, wieder Anschluß an alte Freunde. Er geht sonntags zum Sportplatz oder ins Gasthaus, vielleicht auch beides. Die Gefahr, daß er wieder sexuellen Kontakt zu einer seiner früheren Bekanntschaften aufnimmt, ist sehr groß. Jede junge Mutter muß um diese seelischen Vorgänge in ihrem Gatten wissen. Denn: Gelingt es ihr nicht, neben der von ihr geliebten Mutterrolle die der liebenden Gattin wieder einzunehmen, wird die Ehe zu einer quälenden Gemeinsamkeit, bei welcher beide Teile die Schuld beim anderen suchen."

Frau Kraus: „Eine Aufklärung der jungen Mutter müßte da schon vor der Geburt des Babys einsetzen."

Wohlgemuth: „Zweifellos! Und dies so intensiv wie möglich. Kein Mensch ist hier so angesprochen wie die Mutter der jungen Frau. Meinethalben auch die Eltern des jungen Ehegatten. Keinesfalls sollte man vergessen, die ahnungslose junge Frau über die Doppelrolle, die sie nun erhalten hat, aufzuklären. Viele Tränen und Bitterkeit werden ihr dann erspart bleiben. Ja, manche junge Ehe dürfte dann nicht mehr vor dem Scheidungsrichter enden, wie dies heute leider vielfach der Fall ist.

Lassen Sie mich in diesem Zusammenhang von einer Begegnung berichten, an welche ich heute noch gerne mit einem Schmunzeln zurückdenke.

Ausgangspunkt der Handlung war der Flughafen Palma auf der Ferieninsel Mallorca.

Ich hatte dort einige schöne Ferientage verbracht und schlenderte, innerlich von einer gewissen Abschiedswehmut und Traurigkeit erfaßt, durch die international belebte Empfangshalle.

Ein junges Paar, welches offensichtlich ebenfalls schweren Herzens von der schönen Urlaubsinsel Abschied nahm, beobachtete gleich mir, stumm und in sich gekehrt, das lebhafte Kommen und Gehen auf diesem großen menschlichen Umschlagplatz.

Die beiden waren mir aufgefallen, weil es sich bei ihnen um ein ausnehmend hübsches Paar handelte, welches auch einen sehr gepflegten Eindruck machte.

Zu meiner großen Freude strebten die beiden jungen Leute nicht nur zu meiner nach Frankfurt bestimmten Maschine, sondern saßen auch noch im Flugzeug neben mir.

Aus der lebhaften Unterhaltung, welche sich bald zwischen uns entwickelte, erfuhr ich, daß es sich bei der Dame um ein Münchener Mannequin handelte. Sie lebte aber schon seit zwei Jahren als Gattin ihres Begleiters in Paris.

Ihr Mann, ein junger, eleganter Franzose im grauen Maßanzug mit Weste, der deutsch mit charmantem französischem Akzent sprach, leitete als Direktor das elterliche Hotel.

Aus den ritterlichen Aufmerksamkeiten und den galanten Komplimenten, die der junge Franzose immer wieder in die Unterhaltung einfließen ließ, war unschwer zu entnehmen, wie glücklich dieses junge Paar war. Schönheit, Charme und Herzenswärme hatten sich hier in bewundernswerter Weise zusammengefunden. Die Vorsehung hatte hier zwei Menschen vereint, welche dem Schöpfer auch sichtlich dafür dankbar waren. Reger Gedankenaustausch und kleine Neckereien ließen die Zeit buchstäblich im Flug vergehen.

Gegen Ende unserer knapp zweistündigen Flugdauer und nachdem man mir die Versicherung abgenommen hatte, sie ja in Paris zu besuchen, falls mich mein Weg dorthin führen sollte, konnte ich nicht umhin, den jungen Ehemann über seine Erfahrungen als Vater zu befragen. Er war vor knapp zwei Jahren in diese Rolle hineingewachsen, und mich interessierte natürlich, wie seine junge Frau mit der Doppelrolle, als Geliebte und Mutter, fertig wurde. Persönlich hatte ich längst den Eindruck gewonnen, bei diesen beiden gebe es nach dieser Richtung sicherlich keine Spannungen oder Probleme.

Auf meine Frage, ob sich seit der Ankunft des Babys in seiner so glücklichen Ehe etwas geändert habe, antwortete er mit einem kurzen Blick auf seine hübsche Gattin, nun ja, sehr viel habe sich natürlich nicht geändert. Wenn ich aber damit andeuten wolle, ob das Baby seitdem bei seiner Frau weit vor ihm komme, so müsse er dies als wahrhafter Mann eingestehen. Er sagte dies mit einem spitzbübischen Lächeln, wobei ihm die leise Furcht im Gesicht stand, eventuell etwas zuviel gesagt zu haben. Und tatsächlich reagierte seine Frau etwas unerwartet. Sie gab ihm mit dem Ellbogen einen leichten Schubs in die Seite und sagte mit gespielter Überraschung: ‚Aber Cheri, wie kannst du so etwas sagen?' Er hob daraufhin unterwürfig beide Arme, senkte seinen Kopf und antwortete in seinem charmant französischen Akzent: „O, Cheri, — ich weiß, ich habe etwas Vergehrtes gesagt. Du verseihst mirr noch einmal? — Oderr viellst du dichsch besserrn?"

Worauf sie antwortete: ‚Übers Knie werde ich dich legen, sobald wir wieder in Paris sind. Dabei wirst du mir schon erzählen, wer sich von uns beiden bessern muß.'

(Schallendes Gelächter im Saal)

Diese nette Begegnung im Flugzeug zwischen Palma und Frankfurt fällt mir jedesmal ein, wenn ich junge Ehepaare sehe. Ich frage mich dann, wird die junge Frau der Doppelrolle, Mutter und Geliebte zu sein, gerecht oder vernachlässigt sie letztere.

Am Beispiel unseres deutsch-französischen Paares können Sie unschwer erkennen, daß sich in diesem Falle der junge Ehegatte zunächst einmal mit seiner Zweitrolle, auf seine Art, demütig abgefunden hat."

Sind kinderlose Ehen glücklicher ?

Frau Gscheitle:	„Würden Sie sagen, daß in vielen Fällen die Ehe ohne ein Baby nicht gescheitert wäre?"
Wohlgemuth:	„Wer kann das schon sagen. Fest dürfte natürlich stehen, daß eine kinderlose Ehe all diesen Gefahren und körperlichen Wandlungen nicht ausgesetzt ist. Aber: Kinder zu erziehen hat natürlich auch seine Höhepunkte, was man nicht vergessen sollte. Fraglos ist es besser, wenn das Kind erst nach einigen Jahren kommt, wenn der Gatte nicht mehr so ausschließlich seine Besitzrechte an der Frau ausübt. In jeder Ehe kommt der Tag, wo auch er sich

ein Kind sehnsüchtig wünscht. Dann sollte es auch ge-
plant werden, denn dann wird man es mit Freude erwarten."

Frau Gscheitle: „Sie sagten, oder habe ich das nur herausgehört, daß eine Frau, die schon geboren hat, für den Mann nicht mehr so reizvoll wäre?"

Wohlgemuth: „Sexuell nicht mehr so reizvoll."

Frau Gscheitle: Also sollte am besten eine Frau überhaupt keine Kinder kriegen, damit sie für den Mann ja schön ihr enges mäd-chenhaftes Becken behält.
Das stimmt doch? Oder nicht?"

Wohlgemuth: „Das stimmt."

Frau Gscheitle: „Als Quittung für die durchstandenen Geburtsschmer-zen wird sie also zweitrangig."

Wohlgemuth: „Ich wehre mich gegen diese abwertende Bemerkung. Sie ist durch die Geburt körperlich und seelisch eine ganz andere geworden. Während der Mann, der diesen prä-genden Schmerz nicht mitgemacht hat, der alte blieb. Ein erwachsener Lausbub, wenn Sie so wollen. Seine Ein-stellung zum Baby ist dadurch viel, viel oberflächlicher Natur. Im Innersten ist er der Jäger geblieben, daran än-dert sich auch durch seine Vaterschaft nichts. Ich hoffe, Sie verstehen den ungleichen Weg der beiden Gatten beim Eintreffen des Babys. Anders ist es natürlich, wenn die Ehe schon einige Jahre bestand und aus dem jungen Gatten ein verantwortungsbewußter Mann geworden ist, der sich darüber im klaren ist, daß das Baby, das er sich wünscht, nicht von einer Jungfrau geboren werden kann. Haben Sie bitte Nachsicht, wenn ich dieses so hart in den Raum stelle. Es wäre Ihnen nicht damit gedient, dies zu leugnen oder abzuschwächen. Nur wenn man weiß, welche Auswirkungen all diese Fragen auf eine Ehe haben kön-nen, wird man aufkommende Gefahren wie einen Eisberg umschiffen können."

Frau Gscheitle: „Ich habe beobachtet, wie sich junge Mütter äußerlich ge-hen lassen, sobald sie einmal ein Kind geboren haben."

Wohlgemuth: „Ja, dies trifft fraglos zu. Die junge Mutter ist längst nicht mehr so auf ihr äußeres Erscheinungsbild bedacht. Sicher-lich bleibt ihr hierzu auch weniger Zeit. Schließlich muß das Baby versorgt werden. Ist es auch nachts unruhig, dann gerät die junge Frau unter Umständen in ein sehr belastendes Dilemma. Einerseits tritt der Gatte mit seinen sexuellen Ansprüche an sie heran, zum anderen die Für-sorge um das Kind, nach dem sie immer wieder sehen wird. Sie braucht schon gute Nerven, wenn sie beide richtig zufriedenstellen will."

Frau Gscheitle: „Ist eigentlich jemals statistisch untersucht worden, ob kinderlose Ehen glücklicher und zufriedener verlaufen?"

Wohlgemuth: „Meines Wissens nicht. Aber man sollte dieser Frage einmal wissenschaftlich nachgehen. Richtig ist, daß amerikanische Veröffentlichungen vorliegen, wonach sich vielfach die Erkenntnis durchsetzt, wie ungleich mehr Ehen mit Kindern belastet sind. Abgesehen von den materiellen Opfern, die alle Eltern bringen müssen. An Urlaub, Hobbies, die Pflege von gesellschaftlichen Kontakten ist oft nicht mehr zu denken. Gravierend sind aber die Sorgen um die Kinder selbst. Das beginnt, sobald das Baby unfriedlich ist und stundenlang weint und der besorgten Mutter ja nicht sagen kann, wo es weh tut. Geht weiter über all die Kinderkrankheiten bis ins Schulalter. Die Sorgen, so könnte man bald sagen, wachsen mit dem Kind und werden mit ihm größer. Trotz diesen Tatsachen möchten die Eltern ihre Kinder niemals mehr hergeben, sind diese einmal da. Aber auf die große Verantwortung und die Opfer, die die Eltern bringen müssen, sollte doch einmal sehr nachdrücklich hingewiesen werden. Jeder Elternteil sollte vor Anschaffung eines Babys wissen, welche enorme Lebensumstellung damit verbunden ist. Auf keinen Fall sollte die junge Gattin versäumen, ihren jungen Mann darauf hinzuweisen, welchen Veränderungen sie ‚körperlich' und ‚seelisch' unterworfen sein wird, sobald das Baby unterwegs ist. Sie kann vorher auch nicht annähernd abschätzen, welche Wandlungen die Mutterschaft bei ihr auslösen wird."

Frau Gscheitle: „Sie machen uns jungen Ehefrauen, die wir auch mal Kinder haben wollen, wenig Mut."

Wohlgemuth: „Das ist keineswegs meine Absicht. Und ich müßte mir Vorwürfe machen, wenn Sie mit ihrer Frage recht hätten. Was ich will, ist, Sie auf die große Verantwortung hinzuweisen, welche auf Sie zukommt, sobald Sie ein Baby haben. Schätzen Sie genau ab, ob der Gatte reif genug ist, all die Anforderungen zu erfüllen, die nun mal an ihn gestellt werden. Sonst warten Sie noch einige Jahre ab. Bedenken Sie auch, daß es Ihr eigenes Leben ist, welches Sie sich zerstören, wenn Sie voreilig ein Kind auf die Welt bringen."

Frau Gscheitle: „Ich bin mir nicht ganz sicher, glaube aber Ihren Worten entnommen zu haben, daß eine Ehe ohne Kinder glücklicher sein muß, weil sie weniger belastet ist."

Wohlgemuth: „Theoretisch haben Sie fraglos recht! Ohne Kinder gibt es weniger Belastungen für die Ehe. Aber da sich nach Jahren auch eine gewisse Leere in jeder Ehe einstellt, in welcher man sich nichts mehr als ein Kind wünscht, bleibt eben die Frage theoretischer Natur. Schließlich hat der Schöpfer den Wunsch, Mutter zu werden, jeder Frau in ihre Brust gelegt. Sie handelt sicherlich gegen ihre Natur, wenn sie die Mutterschaft zurückweist. Sich hierbei egoistisch nur auf das ‚Ich' und auf die Sexualwünsche des Mannes einzustellen, könnte im Alter zu einer großen Vereinsamung führen. Auch dies ist ein sehr wichtiger Punkt, der keineswegs vergessen werden sollte. Sie können daraus entnehmen, daß beide Entscheidungen richtig und beide falsch sein können. Es kommt immer wieder auf die Menschen an, welche sie treffen müssen. Kinder, ja oder nein? Die Entscheidung liegt letztlich allein, und zwar ganz allein, nur bei den Eltern."

Frau Liebig: „Sie haben bisher nur sehr wenig über die Liebesheirat gesprochen. Ich finde, auch dieses Thema sollte angeschnitten werden."

(Beifall aus der Menge)

Von der Liebes- zur Kumpel-Ehe

Wohlgemuth: „Aber bitte. Entschuldigen Sie, wenn ich bislang dies vergaß. Ihre Frage ist in der Tat von sehr weittragender Bedeutung für jeden jungen Menschen, letztlich aber doch von der jeweiligen Haltung der Beurteilenden geprägt. Sehen Sie, ein junges Mädchen bis zu 19/20 Jahren kennt nur einen ganz kleinen Lebensabschnitt, wenn Sie so wollen, von vier Akten nur den ersten. Also kann sie auch nur aufgrund dieses ersten Lebensabschnittes sich ein Urteil bilden. Sicherlich mag die Ehe der Eltern ein weites Betrachtungsfeld bilden. Ob es aber ausreicht, für oder gegen eine Liebesheirat zu sein, ist sicherlich schwierig zu sagen."

Frau Liebig: „Sie meinen: die Eltern sollten schon mitreden?"

Wohlgemuth: „Mitreden, ja. Mitentscheiden, nein!"

Frau Liebig: „Es ist bekannt, daß bei uns in der BRD die wenigsten Scheidungen beim Mittelstand gezählt werden."

Wohlgemuth: „Dies liegt mit daran, daß diese Ehen von zwei Säulen getragen werden. Einmal durch die Zuneigung und zweitens durch das geschäftliche und ökonomische Interesse, welches beide verbindet. Das Bestreben, auch wirtschaftlich weiterzukommen, ist auf beide gleichermaßen verteilt. Dazu kommen nicht zuletzt Sorgen, aber auch gemeinsame Erfolge als nicht zu unterschätzendes Bindeglied. Man kennt die Kunden und Lieferanten, das Personal, so daß in einer solchen Ehe der Gesprächsstoff selten ausgeht. Denken wir an den Zahnarzt, wo die Gattin in der Praxis mithilft."

Frau Liebig: „Aber Sie wollten über die Liebesheirat etwas sagen."

Wohlgemuth: „Indirekt spreche ich bereits darüber. Nehmen wir konkret die 18jährige Braut, die nur aus Liebe geheiratet hat. Sie ist in Fragen der ‚Liebe' unerfahren, weiß weder von ‚L — I', ‚L — II' noch von ‚L — III' etwas und so hat sie ihr Guthaben, also ihr Kapital, das nur aus ‚Liebe' besteht, rasch ausgegeben. Vergessen wir nicht, wie schnell sich die Liebe, ich spreche jetzt von der körperlichen Liebe, abnützt, schal und uninteressant für den Mann wird, wenn sie nicht mit Verstand auf viele Jahre verteilt wird. Das Kapital ‚Liebe' muß viele Jahre reichen, soll die Liebesheirat anhalten. Sind die wirtschaftlichen Voraussetzungen gegeben und der Mann verdient gut, wird eine solche Ehe auch zweifellos halten. Vielleicht sparen die jungen Leute für eine Eigentumswohnung oder gar ein Haus, dann werden diese gemeinsamen Ziele die beiden noch mehr verbinden. Die junge Frau muß schon zeigen, daß sie nicht nur das Turteltäubchen sein will, sondern auch der Kumpel, der, wenn es sein muß, mit anfaßt. Schließlich folgt der tollsten Liebesnacht einmal der Morgen mit all seinen Bedürfnissen. Und zwar nach gutem Essen und Trinken, nach schöner Kleidung, nach der Urlaubsreise und all den sonstigen Bequemlichkeiten, die nun mal nur mit Geld zu erhalten sind."

Frau Liebig: „Allein also auf die Liebe läßt sich keine gute Ehe aufbauen?"

Wohlgemuth: „Wenn die Liebesehe in die Kumpelehe einmündet, wenn ich dies einmal so sagen darf, sehe ich keine Gefahr. Das Turteltäubchen, welches glaubt, nur mit ihrem hübschen Gesicht oder Sexkörper auf die Dauer bestehen zu können, dürfte bald scheitern. Der Mann will schließlich im Beruf Erfolg haben und weiterkommen. Dafür braucht er ganz einfach eine fördernde Unterstützung seiner Gattin. Ihren Zuspruch, ihr Lob, ihre Energie und Aufmunterung."

Frau Liebig: „Wenn es aber schon zu spät ist und die junge Frau aus Unwissenheit laufend gegen all die Voraussetzungen ver-

	stoßen hat, von der nun mal eine gute Ehe lebt. Meist streben dann doch beide Teile eine Scheidung an."
Wohlgemuth:	„In der Tat berühren Sie hier einen Vorgang, welcher sich tagtäglich wiederholt. Ich kann Ihnen ohne Mühe von mindestens sechs Fällen berichten, bei welchen sich die jungen Leute auf Knall und Fall scheiden ließen und schnellstens auseinanderliefen."
Frau Liebig:	„. . . ohne den Versuch, sich zu versöhnen?"
Wohlgemuth:	„Meist scheiterte dieser Versuch. Entweder ging er nicht hin oder sie nicht, oft blieben beide weg. Die Ehe wurde daraufhin schnellstens geschieden. Kaum waren die beiden aber getrennt und die hohen Scheidungskosten noch nicht einmal bezahlt, merkten plötzlich beide geschiedenen Gatten, daß die endgültige Trennung von dem einst geliebten Menschen eine große Leere hinterließ. Vergessen waren inzwischen die nichtigen Ehestreitigkeiten, verziehen manch beleidigendes Wort."
	Zwischenruf: „. . . sie sollten wieder zusammengehen!"
Wohlgemuth:	„Ja, das wollen sie ja auch meist wieder. Und sie tun es erstaunlich oft. Nur hätten sie sich all die bitteren Erfahrungen einer Scheidung und deren hohe Kosten ersparen können, wenn sie sich bereits vorher schon einmal nach einem großen Krach für einige Tage aus dem Wege gegangen wären."
Frau Schwan:	„Bei meinem Sohn erlebte ich vor zwei Jahren das gleiche. Immer wenn er zu uns nach Hause kam, sprach er von einer Scheidung. Mein Mann machte ihm daraufhin den Vorschlag, er solle in diesem Jahr allein mit uns in den Urlaub fahren. ,Du wirst sehen, wie das die Liebe zu deiner Frau auffrischt.' Und er hat recht behalten. Während er mit uns in einen vierwöchigen Urlaub fuhr, blieb seine Frau mit dem Kind allein in der Wohnung. Nach vierzehn Tagen wurde mein Sohn bereits kribbelig und wollte zu seiner Frau. Die Ehe besteht heute noch. Von Scheidungsplänen ist kein Wort mehr zu hören."
Wohlgemuth:	„Diese Beobachtungen kann man bei jungen Eheleuten heute sehr oft machen. Leider löst sich das Problem nicht immer so zufriedenstellend, da die jungen Leute oft nicht so gute Ratgeber haben. Kommt eines Tages eine ähnliche Fragestellung auf uns zu, so sollten wir zu unseren gewonnenen Erkenntnissen stehen und uns nicht mit der Einstellung, das ist allein die Sache der jungen Leute, aus der Verantwortung stehlen."

Frau Liebig:	„Das ist schon Akt II, von dem Sie jetzt sprechen, nicht wahr?"
Wohlgemuth:	„Ich danke Ihnen für diesen Hinweis. Sie haben dies in der Tat richtig gesagt. Vom ersten Lebensakt, also der Liebe, kommen wir damit zum zweiten: der Ehe als Erwerbsunternehmen. Schließlich müssen die Finanzen ja auch stimmen."
Frau Liebig:	„Und der Akt drei?"
Wohlgemuth:	„Nicht schwer zu erraten: Die Mutterschaft, die Ehe als Familie. Ich glaube, darüber wurde schon sehr viel gesagt."

Die Kinder verlassen das Haus

„Akt vier wäre also das Alter."

Wohlgemuth:	„Ja, konkret die Zeit, wenn die Kinder aus dem Haus sind. Wenn der Gatte nun sagt: erst warst du allein und ich auch. Als wir geheiratet haben, waren wir schon zwei. Mit den Kindern wurden wir schließlich fünf Personen. Dann heiratete der Älteste, dann die Tochter, und nun ist auch der Jüngste verheiratet. Siehst du, Mutter, jetzt sind wir beide wieder übriggeblieben. Worauf sie vielleicht dann antwortet, und eines Tages verlasse ich dich auch, dann bist du wieder ganz allein. Jeder kam für sich, und ein jeder geht wieder für sich. An dem Abend, an dem diese Worte gesprochen wurden, beginnt also der Akt vier, der letzte Lebensabschnitt. Und nun einige Sätze an die Großeltern und wie sie sein sollten.
	Kaum ein Lebensabschnitt in unserer Zeit wurde so grundlegend verändert wie der Lebensabschnitt, welcher nach einem arbeitsreichen Leben folgt. Obwohl das Geld, also die Rente, ins Haus kommt und man der Sorge ums tägliche Brot enthoben ist, stürmen viele Probleme auf den alternden Menschen ein."
Frau Nordstaat:	„Wir hätten wohl alle weniger Probleme, wenn unsere Kinder mehr auf uns hören würden. Seitdem mein Sohn verheiratet ist, gilt mein Rat bei ihm gar nichts mehr! Alles bestimmt nun seine Frau. Mich sieht man am liebsten nur, wenn ich zu den Feiertagen mit Geschenken anrücke. Finden Sie das in Ordnung?"
Wohlgemuth:	„Wie Sie sagen, bestimmt nun die junge Frau, Ihre Schwiegertochter. Darf ich fragen, ob Sie in einem Haus wohnen?"

Frau Nordstaat:	„Ja, die Kinder separat im ersten Stock. Aber erst seit sechs Monaten. Vorher lebten die jungen Leute mit uns in einer Wohnung. Aber nachdem mein Sohn immer die Partei seiner Frau ergriff, sagte ich, daß sie besser alleine wohnen sollten."
Wohlgemuth:	„Der Sohn ergriff also immer die Partei seiner Frau."
Frau Nordstaat:	„Ja, obwohl ich meist recht hatte. Schließlich hat man alll die Dinge doch längst hinter sich, die das junge Volk noch vor sich hat."

(Beifallsgemurmel im Saal)

Wohlgemuth:	„Nun, ich sehe schon, daß wir hier ein sehr wichtiges Thema berührt haben, welches uns alle mehr oder minder beschäftigt. Aber sollte man hier nicht doch erst einmal versuchen, beide Seiten zu verstehen. Schon in der Bibel können Sie nachlesen: ‚Du wirst Vater und Mutter verlassen und dem Weibe anhangen.' Daraus kann man unschwer entnehmen, wie alt dieses Problem ist. Ist der Sohn einmal verheiratet, wird er ‚naturbedingt' in der Regel zu seiner Frau halten. Sie ist es, die er liebt, sie ist es, die ihm durch ihre körperliche Hingabe sexuelle Entspannung schenkt. Gegen dieses fest geschlossene Band des gegenseitigen Schenkens als Mutter anzurennen, wäre töricht.
	Dies sollte man sich unumwunden eingestehen. Ist man sich über dieses ‚Naturgesetz' im klaren, so wird man als Mutter einsehen, welcher Bereich einem noch bleibt. Im Grunde sind Schwiegermütter und Schwiegertöchter ein sehr ungleiches Gespann. Während die Mutter auf ein erfahrungsreiches Leben zurückblickt, liegt das Leben des Sohnes und der Schwiegertochter noch vor diesen. Ist es da nicht oftmals so, daß die jungen Leute überhaupt nicht willens sind, das Leben der Eltern zu ‚kopieren'. Die Mutter möchte dem jungen Paar also etwas verkaufen, worauf dieses überhaupt keinen Wert legt."

Mutti, so gut war deine Ehe auch nicht

Frau Nordstaat:	„Das ist mir selbst passiert. Sagte doch kürzlich mein eigener Sohn zu mir: ‚Weißt du, Mutti, so gut war ja deine Ehe mit Papa auch wieder nicht.' Ich war darüber so betroffen, daß ich ihn stehen ließ und wortlos aus dem Zimmer ging."
Wohlgemuth:	„Ich finde, man kann sich solche Szenen ersparen, wenn man mit ‚Rat und Tat' zur Hand ist, aber den jungen Leuten jede Entscheidung am Schluß selbst überläßt. Dabei ist es sicherlich gut, wenn man das Problem mit durch-

diskutiert. Ja, sprechen wir mit den jungen Leuten. Spielen wir z. B. die Entsetzten, weil sie in den Urlaub fahren wollen, statt die laufenden Raten für den Fernseher auf einmal zurückzuzahlen, so hat das eben zwei Seiten. Auf einmal schuldenfrei zu sein, oder sich Erholung zu gönnen und die Raten später zu bezahlen. Zeigen Sie mutig beide Möglichkeiten auf, wobei man dann am Schluß eben sagt, ihr habt da zwei Möglichkeiten, von denen jede richtig und jede weniger richtig sein kann. Da schließlich niemand in die Zukunft sehen kann, müßt ihr die beste Lösung selbst herausfinden. Überlassen Sie also den jungen Leuten die Entscheidung selbst, so wird man Ihren Rat gerne suchen. Außerdem ist dieses Vorgehen insofern auch klug, als man Sie niemals direkt für irgendwelche Fehlentscheidungen verantwortlich machen kann. Die Worte: ‚Ach, Mutti, hätten wir bloß nicht auf dich gehört‘, dürften ihnen dann erspart bleiben.“

O weh — er trinkt

Frau
Mosbacher:
„Eine Frage, die mir persönlich sehr wichtig ist, bezieht sich auf betrunkene Männer und wie man sie in ihrem Zustand am besten behandelt. Es ist doch heute so, daß bereits viele junge Männer zur Flasche greifen. Gerade dann, wenn es oftmals der Familie sowieso nicht gut geht, betrinkt sich zu allem Unglück auch noch der Ernährer der Familie und verprügelt sie noch obendrein. Warum tun Männer so etwas?“

Wohlgemuth:
„Nun, ein Trinker wird als solcher ja selten geboren. Widrige äußere Umstände, sei es ein unbefriedigender Arbeitsplatz, ein zu geringes Einkommen, aber auch eheliche Unstimmigkeiten, können einen Mann zum Trinken verleiten. Selbst eine zungenfertige Ehefrau, welche ihren Gatten für einen sexuellen Schwächling hält und dies ihm auch vorwirft, kann den Ehegatten soweit bringen, daß er sich wegen dieses Vorwurfs betrinkt und dann Frau und Kindern gegenüber seine männliche Stärke demonstriert.

Ein Beispiel, wie unglücklich Frauen mit ihren Männern oft umgehen, möchte ich Ihnen im folgenden aufzeigen. Einer der schlimmsten Feinde vieler Ehen ist zweifellos der Alkoholmißbrauch. Wie weit das führen kann, lehrt die Geschichte einer Frau, die einen Trinker zum Manne nahm.

Schon wenige Wochen nach der Hochzeit wurden die Nachbarn durch laute Hilferufe aus dem Schlaf gerissen.

Da sie jedoch von der Trunksucht des jungen Gatten wuß-
ten und dieser wegen seiner Grobheit und Brutalität orts-
bekannt war, hüteten sie sich, der jungen Frau zu Hilfe zu
kommen. So hatte man höchstens ein verständnisvolles
Lächeln für die junge Frau übrig, wenn sie an dem folgenden Tag mit blauunterlaufenen Augen und Beulen an Kopf
und Armen beim Kaufmann erschien.

Es dauerte Jahre, bis die Frau dahinter kam, daß man einen angetrunkenen Mann, der sich kaum auf den Füßen
halten kann, zu Hause nicht mit Vorwürfen empfangen
darf. Tut man dies trotzdem, so schüttet man förmlich Öl
in eine flackernde Flamme. Ein angetrunkener Mann ist in
diesem Zustand oft so gereizt, daß schon eine belanglose
Bemerkung einen handfesten Wutanfall auslösen kann,
mithin eine Gefahr für die ganze Familie ist. Hier gibt es
nur ein Rezept: Behandeln Sie Ihren Mann so wie einen
Kranken, und stecken Sie ihn schnellstens ins Bett, bevor
er noch größeres Unheil anrichten kann. Vorwürfe, wenn
Sie glauben, solche machen zu müssen, heben Sie besser
für den nächsten Tag auf, wenn er wieder nüchtern ist. Die
blauen Flecken und die unangenehmen nächtlichen Vor-
kommnisse dürften sich dann mit Sicherheit nicht mehr
wiederholen."

Frau Mosbacher: „Ich habe in meiner unmittelbaren Nachbarschaft erlebt,
wie grausam der sonst friedlichste Mann werden kann,
wenn er getrunken hat. Selbst die dreijährige Tochter ist
dann vor den Schlägen ihres Vaters nicht mehr sicher.
Ihren Vorschlag, einen angetrunkenen Mann sofort ohne
viel Worte ins Bett zu stecken, finde ich wirklich gut. Leider
gehört schon sehr viel Selbstbeherrschung dazu, die viele
Frauen in dieser Situation dann nicht aufbringen."

Warum man alte Leute links liegen läßt

Frau Brachwitz: „Ich war vor kurzem Zeuge einer Szene, die mich sehr
nachdenklich stimmte. Sagte doch der Sohn von meiner
Freundin: Die alten Leute seien heute oftmals so egoistisch und vom Altersgeiz angefressen, daß man sie am
liebsten links liegen ließe."

Wohlgemuth: „Nun, diese Worte können einen älteren Menschen sehr
verletzen. Trotzdem sollte man sie auch einmal auf ihren
Wahrheitsgehalt hin untersuchen. Bedenken wir dabei,
daß es ein älterer Mensch im Grunde genommen gerne mit
jungen Menschen zu tun hat und er sich freut, wenn sie zu
ihm kommen. Wenn also so harte Worte, wie in unserem

Beispiel, fallen, so ist doch irgend etwas schief gelaufen. Jegliches Verhalten, sofern es richtig ist, wird uns zu Nutz und Frommen verhelfen. Verhalten wir uns aber falsch, entstehen Fehlentwicklungen, die oft schmerzlich sind und schwere seelische Belastungen auslösen kônnen. Wenn wir über diese Frage nachdenken, bieten sich einige Gedankengänge von selbst an. Einmal: Was erwartet ein junger Mensch von seinen Großeltern? Aus vielen Märchengeschichten bekommt er schon als Kind erzählt, daß alte Menschen verständnisvoll, nachsichtig, sehr lieb und freigebig sind. Man stellt sich also die Großmutter oder Oma als einen Menschen vor, welcher weise ist, ohne rechthaberisch zu sein, welcher großzügig ist, ohne ständig daran zu erinnern, kurzum: ein Mensch, den man gerne besucht, weil man sich bei ihm ‚rundum wohl und geborgen fühlt‘. Meine Damen, an Ihrer stillen Aufmerksamkeit merke ich, welches Interesse dieses Thema bei Ihnen findet. Ich freue mich darüber, da der Gegensatz der Generationen noch nie in der Geschichte so hart ausgetragen wurde, wie wir dies heute erleben.

Sicherlich sind Großeltern auch nur Menschen, und wir wollen uns davor hüten, sie so zu idealisieren, wie es in so vielen Märchen geschieht. Schließlich haben zwei Weltkriege die heutigen Großeltern zum Teil so schwer geformt, daß allein diese harte und lieblose Zeit zum großen Teil daran Schuld ist, wenn junge Menschen oftmals über die Lieblosigkeit der älteren Generation gekränkt sind. In einer Zeit, in der für die Menschlichkeit und gegenseitige Achtung kein Platz war, sind die heutigen Großeltern aufgewachsen. Ein junger Mensch, der in einer harten lieblosen Welt groß wird, in welcher nichts als materielle Dinge, Nationalismus und rücksichtsloses Karrieredenken eine Rolle spielen, gerät in eine seelische Verarmung. Was also eine Generation wie die heutige Großelterngeneration nie erhalten hat, wird heute von ihr selbst gefordert. Wie aber soll sie etwas geben, was sie selbst nicht bekommen hat?"

Frau
Brachwitz: „Wieso haben dann junge Menschen so wenig Respekt vor uns Älteren, die wir dies alles durchgemacht haben?"

Wohlgemuth: „Wir wollen nicht Respekt fordern. Wir sollten vielmehr nur um Verständnis bemüht sein und diese seelischen Schäden und in uns eingeprägten Verhärtungen lösen. Wir können dies, wenn wir darüber reden und diskutieren, uns auch dabei überlegen, was zu tun ist, damit man uns nicht für egoistisch und geizig hält."

(Zwischenruf)

„Meine ganze Rente habe ich jahrelang gegeben, das hat mir niemand gedankt."

Wohlgemuth: „Ich kann Ihre Bitterkeit verstehen. Vielleicht überschätzen wir heute das Materielle. Krieg und Nachkriegszeit, der Kampf um Lebensmittelmarken und die dringendsten Bedürfnisse, ließen unsere seelischen Werte vollkommen verkümmern. Diese waren ja auch gar nicht gefragt, ja sie waren doch nur im Wege beim täglichen Kampf ums Überleben. Welche humanen und ethischen Werte hierbei verschüttet wurden, merken wir doch erst heute."

Frau Anschütz: „Und die heutige Jugend, die von diesen schweren Zeiten nichts mehr weiß, hält uns für egoistisch und engstirnig."

Wohlgemuth: „Sicherlich haben wir alle das Brandmal dieser Zeit erhalten. Aber damit, daß wir es ständig vorzeigen, erreichen wir nichts. Wir müssen die erlittenen seelischen Wunden, die durch Krieg und Nachkriegszeit verursacht wurden, zu heilen versuchen und uns auf die Bedürfnisse unserer Jugend wieder einstellen. Nichts ist doch heute so gefragt wie die Liebe und das Verständnis für den Mitmenschen.

Nichts aber auch ist so schwer zu bekommen. Hier nützt nur das Umdenken, das Hineinschlüpfen in die neue Haut: In die bessere Haut, damit das Alter wieder zu Ansehen und Ehrungen kommt, wie es dies schon früher zu erhalten wußte. Wenn wir jeder an unserem Platz im Kleinen dafür sorgen, so ist schon sehr viel für unser persönliches Wohlergehen getan. Wie ich aber schon eingangs zu diesem Thema sagte, das Klassenziel haben wir dann erreicht, wenn sich unsere Kinder und Enkel bei uns ‚rundum wohl und geborgen fühlen'."

Jung, gottlos und anmaßend

Frau Kranig: „Klaus, mein Enkelkind, studiert zur Zeit noch und möchte Arzt werden. Obwohl er fleißig seinem Studium nachgeht, also ein sehr braver Junge ist, wurde ich kürzlich Zeuge einer sehr unerfreulichen Diskussion mit seinem Vater. Sein Vater ist Lehrer und leitet den Kirchenchor. Er geht daher mit seiner Frau regelmäßig zum Gottesdienst und hört sich gerne eine gute Predigt an, wofür der junge Studiosus kein Verständnis aufbringt. Aber nicht nur das, er macht sich über seinen Vater auch noch lustig. So behauptet er, daß der Pfarrer jeden Sonntag bei der Predigt einen nichtssagenden Schwall sakraler Wörter losließe, mit denen ja nicht einmal mehr alte Leute etwas anzufangen wüßten."

(Zwischenruf)

„Die heutige Jugend sollte sich schämen! Sie ist gottlos und anmaßend."

(Lautes Stimmengewirr im Saal)

Wohlgemuth: „Aber meine Damen, bewahren Sie doch bitte Ihre Ruhe. Es freut mich in der Tat, welch großes Interesse gerade diese Frage bei Ihnen findet."

(Zwischenruf)

„Mir kann die Kirche auch schon lange nicht mehr helfen. Mein Mann und ich sind daher schon letztes Jahr ausgetreten. Die Kirchensteuer haben wir jedenfalls schon einmal gespart."

Wohlgemuth: „Gehen wir davon aus, daß unsere Gefängnisse mit jugendlichen Tätern überfüllt sind, so stellen sich die Fragen: Warum ist dies so? Wer ist schuld an diesem Übel? Die Kirche, die Schule oder das Elternhaus? Kein Zweifel besteht sicher darin, daß die jungen Leute, die diese Gefängnisse füllen, zu ihrem Schöpfer und der Kirche kein Verhältnis haben. Sei es, daß man im Elternhaus versäumte, sie zu lehren, wie schwierig und dornenvoll ein Leben ohne Gottvertrauen werden kann. Ja, wie oftmals jeglicher sittliche Halt verloren geht, wenn junge Leute — außer der Polizei — schließlich gar nichts mehr fürchten. Sie glauben: Falls es mir gelingt, die Polizei zu überlisten, bin ich fein ,raus'. Dann hat sich mein Verbrechen ausgezahlt, dann bin ich reich und unabhängig und kann in meinem Leben einen Genuß an den anderen reihen.

Das ist jedenfalls die Meinung der jungen Leute, die in unseren Gefängnissen sitzen. Ordnen wir diese jungen Leute der Kategorie „II" zu, so bleiben uns für die Kategorie „I" die jungen Menschen übrig, welche bereits in ihrem praktischen Leben das Wirken Gottes oder eine göttliche Obrigkeit, wenn Sie so wollen, am eigenen Leibe zu spüren bekommen haben."

(Zwischenruf)

„Wie wollen Sie das den jungen Leuten beweisen?"

Wohlgemuth: „Nun, die Jugendlichen in den Gefängnissen sind doch Beweis genug. Wären sie frühzeitig darüber aufgeklärt worden, daß das Einhalten der Zehn Gebote Gottes sich als praktische Lebensregel durchaus verwenden läßt, hätten sie wahrscheinlich nicht gegen das Gesetz verstoßen und wären auch nicht ins Gefängnis gekommen."

(Zwischenruf)

„Sie sind also der Meinung, wer die Gottesgesetze achtet, wird nie im Gefängnis landen?"

Wohlgemuth: „Ja, der Meinung bin ich. Wer sein Leben nach den Geboten ausrichtet, kommt nicht auf die Idee, gegen die bestehenden Gesetze zu verstoßen. Also ist ein gläubiger Mensch weniger gefährdet, sein Leben durch Gefängnisstrafen zu verpfuschen, als jemand, der nur noch die Polizei fürchtet. Da die Pfarrer unsere Schulkinder diese Gebote lehren und sie anhalten, auch danach zu leben, sollte man nicht gerade bei der Kirchensteuer zu sparen beginnen. Sitzt der Jugendliche erst einmal hinter Gefängnismauern, kommen alle Selbstvorwürfe zu spät. Was bedeuten dann noch einige Mark Kirchensteuer? Die Erkenntnis, am falschen Platz gespart zu haben, nützt dann nichts mehr."

Frau Herber: „Sie meinen also, allein das Lehren der Gebote rechtfertige schon die Kirchensteuer? Ja, das kann doch der Vater oder die Mutter auch tun, ohne daß es gleich soviel Kirchensteuer kostet."

Wohlgemuth: „Sicherlich. Aber leider lehrt uns die Praxis das Gegenteil. Fällt der Kirchenunterricht erst aus, wird die Wissenslücke über die göttlichen Gebote bei jungen Leuten selten geschlossen. Sie werden ins praktische Leben entlassen, ohne zu ahnen, welche gefährlichen Anfechtungen auf sie zukommen. Da ihnen ein Maßstab für ihr Handeln, eine Richtschnur, eben die Zehn Gebote, fehlt, tappen sie bereits in die erstbeste Falle.

Sei es durch Diebstahl, Betrug oder Raub. Werden sie dann von der Polizei aufgegriffen und landen im Gefängnis, so ist das Unglück geschehen. Und dies alles nur, weil man sie aus Unwissenheit nicht rechtzeitig über die Gebote unterrichten ließ."

Frau Herber: „Mich ärgert es immer, wenn ich sehe, mit welcher Selbstverständlichkeit die kirchlichen Feiertage beansprucht werden. Wenn jemand aus der Kirche austritt, sollte er auch nicht diese Feiertage für sich beanspruchen und fairerweise dann auch an diesen Tagen zur Arbeit gehen."

(lauter Tumult im Publikum)

Wohlgemuth: „Zweifellos ist dies auch ein Punkt, der für die Kirche spricht. Man kann sich unschwer ausrechnen, welche seelische und gesellschaftliche Verarmung bei uns einkehren würde, sollten eines Tages alle kirchlichen Feiertage gestrichen werden."

Frau Herber:	„Ich wehre mich dagegen, wenn Sie nur praktische Vorteile für die Kirche aufzählen, wie die der Feiertage und der jugendlichen Straftäter. Es gibt doch auch reine Glaubensfragen, die wichtig sind."
Wohlgemuth:	„Gehen wir davon aus, wie wichtig die Kirche und ihr Einfluß ist, sei es, daß eine Gesetzesübertretung verhindert wird, sei es, daß man auch vergißt, daß wir die schönsten Feiertage im Jahr nun einmal der Kirche verdanken, bleibt noch das Wohlwollen, welches sich ein gläubiger Mensch bei seinem Schöpfer, Gott oder einem höheren Wesen, verdient, indem er auch nach außen zu seinem Glauben steht."

Erreicht ein gläubiger Mensch mehr im Leben ?

Frau Brachwitz:	„Wollen Sie damit sagen, daß ein gläubiger Mensch materiell bereits im Diesseits für seinen Glauben belohnt wird?
Wohlgemuth:	„Sie stellen da eine sehr schwierige Frage. Sie läuft doch praktisch darauf hinaus, daß Sie wissen wollen, ob es ein Gläubiger im Leben weiter bringt als ein Gottesleugner. Lassen wir es einmal unbeantwortet, ob es ein Leben nach dem Tode gibt oder nicht. Sollte es dies geben, so wäre natürlich der gläubige Mensch im Vorteil gegenüber dem Ungläubigen, falls dies nach dem Tode überhaupt eine Rolle spielt. Mir fällt hierbei eine Begegnung ein, in welcher ein tiefreligiöser Kirchengänger gefragt wurde, warum er eigentlich noch in die Kirche gehe. Er antwortete: ‚Gibt es ein Leben nach dem Tode, so bin ich darauf vorbereitet. Gibt es dies nicht, so ist es weiter auch nicht schlimm. Jedenfalls habe ich für mein Seelenheil alles getan, was für mich möglich war.' In dieser Aussage steckt augenfällig eine gewisse Portion Opportunismus."
Frau Brachwitz:	„Darf ich zu dieser Frage etwas beisteuern. Ich habe im Privatbüro eines großen Kaufhausunternehmens folgenden Wandspruch gelesen, der mich sehr nachdenklich gestimmt hat. Er lautete sinngemäß: ‚Ohne Gott ist jeglicher Beginn sinnlos."
Wohlgemuth:	„Daraus ist zu erkennen, daß also selbst wirtschaftlich erfolgreiche Unternehmer glauben, ohne Gottes Segen und seinen Beistand könne manches schief gehen. Sicherlich kommt diese Einstellung nicht von ungefähr. Wahrscheinlich ist dieser Unternehmer gelegentlich an die Grenzen seiner menschlichen Leistungsfähigkeit gestoßen und in seinen Unternehmungen oftmals nicht erfolgreich gewesen. Er war wohl an den ‚unwägbaren' und unvorherseh-

baren Gegenkräften, die selbst die klügsten Vorausberechnungen über den Haufen werfen, gescheitert."

Rache stand mir nicht zu

„Wie folgende wahre Geschichte beweist, müssen es nicht immer gleich die ganz großen Verbrechen sein, die uns aus der Bahn werfen. Welche sonderbaren Wege Menschen oft gehen können, lehrte mich folgender Vorgang:

Es war einige Jahre nach dem Kriege, und ich hatte gemeinsam mit meiner mir treu zur Seite stehenden Gattin die Summe von DM 10.000,— zusammengespart.

Das Geld war nach und nach auf ein Sparbuch eingezahlt worden, brachte aber eine verhältnismäßig geringe Verzinsung.

Da mich meine Eltern nach meinem Schulabgang zur Ausbildung in eine Privatbank gesteckt hatten, konnte ich mich als vermeintlicher ‚Geldfachmann' so gar nicht mit dieser niedrigen Verzinsung abfinden.

Ich kaufte mir daher zum Wochenende zwei Zeitungen und studierte in diesen den Beteiligungs- und Kapitalmarkt.

Schon in den nächsten Wochenendausgaben fand ich eine für mich sehr interessante Anzeige.

Gesucht wurden stille Teilhaber für eine Drogengroßhandlung, welchen eine Beteiligung in Beträgen ab DM 10.000,— geboten wurde.

Nun, ich schrieb auf die Chiffre-Anzeige und bekundete mein Interesse.

Der zukünftige Partner meldete sich auch sofort und lud mich zu einem ersten Kontaktgespräch ein.

Wir trafen uns also in seiner Wohnung, und ich ließ mich von ihm überzeugen, daß es für mich viel lukrativer sei, meine Ersparnisse in diesem Unternehmen arbeiten zu lassen.

Bevor ich den Vertrag unterschrieb, beauftragte ich zur Sicherheit noch eine Auskunftei, um über Stand, Ruf und Vermögensverhältnisse meines zukünftigen Partners Näheres erfahren.

Nachdem bei mir eine durchaus positive Auskunft eingegangen war, unterschrieb ich den Vertrag, überwies meine Ersparnisse und fuhr frohen Herzens und in dem Bewußtsein, eine gute Kapitalanlage getätigt zu haben, einige Tage in die bayerischen Berge.

Nun, vielleicht werden Sie erahnen, daß mein neu gewonnener Geschäftspartner mir weder jeden Monat die versprochenen Zinsen aus den Geschäftserträgen überwies noch sonst etwas von sich hören ließ. Er hatte sich von meiner Einlage sofort einen größeren Wagen gekauft und fuhr in angeblichen Geschäften in der Gegend herum.

Auf meine zunächst zaghaften Anfragen, welche an seine finanziellen Verpflichtungen mir gegenüber erinnerten, reagierte er hinhaltend. Später ließ er sich am Telefon verleugnen, beantwortete meine Briefe nicht mehr, und ich fand die Tür verschlossen, wenn ich bei ihm anklopfte.

Langsam, aber stetig wuchs nun in mir der Verdacht, einem Schwindler oder zumindest unehrenhaften Geschäftsmann in die Hände gefallen zu sein.

Ich kündigte daraufhin vertrags- und termingerecht meine Einlage und forderte mein Geld zurück.

Ich tat dies etwa fünf Tage vor Quartalsschluß per eingeschriebenen Brief. Die mündliche Kündigung hatte ich am Telefon gegenüber seiner Gattin bereits ausgesprochen.

Doch statt der Rückzahlung meiner Einlage schrieb mir der Geschäftsmann, daß eine Auszahlung meiner Einlage nicht möglich sei, da die Aufkündigung des Betrages bei ihm nicht fristgerecht eingegangen sei. Nachforschungen bei der Post erbrachten die Tatsache, daß dem zustellenden Briefträger weder von der Gattin noch von ihrem Mann geöffnet wurde, wenn er das Kündigungsschreiben gegen Unterschrift aushändigen wollte. Auf diese Weise hatten es die beiden verstanden, eine weitere Hinauszögerung um einige Monate zu erreichen. Als nach einer erneuten Kündigung durch einen Rechtsanwalt und einem inzwischen ergangenen Gerichtsurteil die Summe fällig wurde, war weder meine Bareinlage noch Ware dafür vorhanden.

Der ehemalige Geschäftsinhaber und seine ihm ergebene Gattin erschienen als arme Sünder vor Gericht und erklärten, daß sie aufgrund des unglückseligen Geschäftsganges über keinerlei Vermögen mehr verfügten. Selbst die Kosten für die Bahnfahrt zur Gerichtsverhandlung seien nicht mehr vorhanden, so daß das Gericht ihnen diese ersetzen ließ. Die Folgen dieses Vorganges liefen darauf hinaus, daß ich wohl vor Gericht mein Recht bekam, trotzdem aber die Gerichtskosten in Höhe von über DM 3.000,— mir angelastet wurden, da er als der Unterlegene über keinerlei Mittel mehr verfügte. Nun, Sie werden sich sicherlich unschwer vorstellen können, welche Gefühle nach dem Ende der Gerichtsverhandlung in mir tobten, als ich langsamen Schrittes dieses Gebäude hinter mir ließ. Zudem hatte ich dort erfahren, daß wenig Aussicht bestand, jemals wieder in den Besitz meiner Ersparnisse zu kommen, da ich nicht der einzige war, der diese zurückverlangte.

Ich irrte nun, von den Menschen enttäuscht, von einer überirdischen Gerechtigkeit im Stich gelassen und innerlich furchtbar erregt, durch die für mich fremde Stadt. Ich konnte ganz einfach nicht glauben, daß man mir so übel mitgespielt hatte, daß Jahre des Sparens völlig umsonst gewesen waren. Dabei mußte ich besonders schmerzlich vermerken, daß es nicht nur meine Ersparnisse allein waren, die ich verloren hatte. Auch das Geld meiner mitverdienenden Gattin war gleich einem dahinschwimmenden Papierstückchen im Rinnstein verschwunden.

Ich zerfleischte mich innerlich mit Selbstvorwürfen und haderte mit Gott ob des erlittenen Unrechts. Es dauerte Stunden, bis ich meine Gedanken wieder ordnen konnte und sich mein Innerstes wieder beruhigte.

Nach einer mir unendlich lange scheinenden Zeitspanne kehrte ich zu meinem Wagen zurück. Geistig noch völlig abwesend und im schleppenden Tempo fuhr ich schließlich nach Hause zurück.

Nun, die Zeit heilt Wunden. Sie läßt uns Enttäuschungen vergessen. Die Tagesereignisse lenken uns ab, und ein jeder neue Tag erfordert von uns neuen Einsatz.

Natürlich spukte auch in mir der Gedanke der Rache. Es war nicht der Verlust allein der DM 10.000,—, der mich in Harnisch brachte. Es waren die zusätzlichen hohen Gerichtskosten, die ich jetzt in monatlichen Raten bei meinem Anwalt abzutragen hatte und die mich jede vier Wochen an das Geschehen erinnerten.

Von nun an wurde ich des öfteren nachts munter. Während milder Mondenschein mein Schlafzimmer erhellte, beschäftigte mich immer wieder die Frage, ob es denn keine überirdische Gerechtigkeit gibt, die hier eingreift. Geht man denn wirklich straflos aus, wenn man nur geschickt genug ist, andere zu überlisten? Gottes Mühlen mahlen langsam, sagt ein bekanntes Sprichwort. Ganz so langsam, wie ich es mir einbildete, mahlten sie, wie sich bald zeigen sollte, jedoch auch wieder nicht. Durch Bekannte erfuhr ich, daß die Frau meines ehemaligen Geschäftspartners einen tragischen Verkehrsunfall verursacht hatte. Und zwar hatte sie seinerzeit mit dem von meiner Einlage bezahlten Auto mit überhöhter Geschwindigkeit ein neun Jahre altes Kind überfahren, welches an den Verletzungen noch am Unfallort verstarb.

Ich erfuhr nun auch, wie schwer diese Frau unter dem Tod des Kindes, den sie verursacht hatte, zu leiden begann.

Als ich sie einmal gemeinsam mit ihrem Gatten per Zufall auf einem Bahnhof wieder sah, war sie eine vom Schicksal gebrochene und um viele Jahre gealterte Frau. Sie stand in der Mitte des Warteraums, trug einen schmutziggrauen ausgefransten Mantel und stützte sich auf einen abgegriffenen alten Stock. Auch an ihrem Ehemann war die Zeit offensichtlich nicht spurlos vorbeigegangen. Stark abgemagert und mit tiefliegenden Augen blickte er scheu um sich, während er auf einem zerschlissenen Koffer hockte, dessen Inhalt durch eine Schnur zusammengehalten wurde. Unverkennbar fühlte er die Blicke der übrigen Mitreisenden auf sich und seine Frau gerichtet, denn sein ärmlicher Aufzug paßte so gar nicht in diese Umgebung.

Als ich die beiden in ihrer apathischen Haltung eine Weile beobachtet hatte, fiel mir der Bibelspruch ein: ,Die Rache ist mein,' sprach der Herr. Heute leben diese beiden Menschen, von Gläubigern bedroht, in der Notunterkunft einer Großstadt. Obwohl sie schon dreimal von einer Stadt in die andere umsiedelten, werden sie immer wieder von einem Menschen aufgespürt, der ihr einziger Gast ist. Es ist der Gerichtsvollzieher, der sie in unregelmäßigen Abständen aufsucht und im Auftrag der Gläubiger immer wieder versucht, dort etwas einzutreiben, wo schon seit Jahren nichts mehr zu holen ist.

Der Ausspruch ‚Unrecht Gut gedeiht nicht' hatte sich wieder auf grausame Weise bewahrheitet.

Auch diese beiden Menschen waren trotz ihrer listigen Intelligenz an den bereits erwähnten unberechenbaren Gegenkräften kläglich gescheitert."

Die Vorsehung schickt DM 20.000,–

Frau Slatek: „Glauben Sie im Ernst an solche Gegenkräfte?"

Wohlgemuth: „Die Frage ist noch besser zu stellen, wenn wir fragen, ob solche Gegenkräfte beweisbar vorhanden sind. Ich möchte zu diesem Fragenkomplex einige Gedanken einfließen lassen, die weiterzuverfolgen sich lohnen würde.

Welch seltenes Spiel sich die Vorsehung mit uns gelegentlich erlaubt, mag folgende Geschichte zeigen. Folgen Sie mir in eine Kleinstadt und dort in das Haus einer gläubigen Christin, deren Mann sich seinen Unterhalt als Dachdeckermeister verdiente. Obwohl die Frau über ein auskömmliches Wirtschaftsgeld verfügte, störten sie die Schulden, welche noch als Hypothek auf dem Hause lasteten. Und so betete sie Tag für Tag inbrünstig zu ihrem Herrgott, er möge sie von der ihr unerträglichen Schuldenlast befreien. Sei es Zufall, Fügung oder sei es ihres Schöpfers Wille, der ihre Bitten erhörte: Eines Tages, es war Ende Oktober, lag tatsächlich ein Scheck über DM 20.000,– auf dem Tisch des Hauses. Er kam zusammen mit einem Schreiben einer Versicherungsgesellschaft, in welchem stand: ‚Anläßlich des Ablebens Ihres Ehegatten übermittelt Ihnen die Direktion ihre aufrichtige Anteilnahme. Die Versicherungssumme in Höhe von DM 20.000,– haben wir Ihnen in Form des beiliegenden Verrechnungsschecks zur Verfügunggestellt.'"

(Zwischenruf)

„. . . Zufall, Zufall. Reiner Zufall! Hat der Herrgott oder die Vorsehung keinen anderen Weg gefunden, als den Wunsch einer gläubigen Christin auf diese grausame Weise zu erfüllen?"

Wohlgemuth: „Zweifellos haben Sie recht, wenn Sie die Lösung dieses Problems als grausam bezeichnen. Andererseits sollten wir uns überlegen, ob dieser Wunsch in seiner Größenordnung nicht ganz einfach überzogen war und damit das Mißfallen einer überirdischen Macht auslöste."

Frau Slatek: „Meinen Sie nicht, diese Überlegungen gehören in den Bereich der Spekulation?"

Wohlgemuth: „Lassen Sie mich noch ein weiteres Beispiel hierzu anführen. Auch hier ging es um die Überziehung bestimmter Wünsche an Gott oder die Vorsehung — oder den Zufall, wenn Sie so wollen."

„Tausche gegen" — Gesetz

„Der Krieg war bereits längere Zeit zu Ende, als auch der achtundvierzigjährige Karl Vogel nach einer sechsjährigen Kriegsgefangenschaft in Sibirien wieder zu seiner Frau und zu seinem Sohn heimkehren durfte. Endlich war der Vater wieder bei seiner Familie und die Mutter überglücklich, den geliebten Mann wieder an ihrer Seite zu haben. Nachdem also die Familie wieder beisammen war, faßte die Frau den Entschluß, als erstes ein neues Haus zu bauen. So geschah es, daß große Opfer für das langsam hochwachsende Haus gebracht werden mußten. Der Tag des Einzuges rückte langsam immer näher, bis es endlich soweit war. Familie Vogel zog ins neue Heim. Sechs Wochen lang erfreute sich der Spätheimkehrer an seinen eigenen vier Wänden. Dann holte ihn die Vorsehung, der Zufall oder unser Herrgott ins Jenseits. Auch diese Begebenheit lehrt uns, maßvoll in unseren Wünschen zu bleiben. Sonst laufen wir große Gefahr, daß wir unsere überzogenen Wünsche an die Vorsehung zwar erfüllt bekommen, aber nur im Austausch gegen ein anderes Übel. Erinnern wir uns an die Frau des Dachdeckermeisters. Sie wünschte sich nur noch die Ablösung der hohen Schulden. Die Vorsehung gewährte ihr diesen Wunsch, aber nur im Austausch gegen den eigenen Gatten. Auf eine kurze Formel gebracht würde dies heißen: Tausche eigenen Mann gegen DM 20.000,—, oder in unserem letzten Beispiel: Tausche Mann gegen eigenes Haus."

Frau Herzog: „Ich glaube, ich kann Ihnen aus meinem Leben hierzu auch eine interessante Geschichte erzählen, wenn es sich hierbei auch nur um eine unbedeutende Begebenheit handelt.

Der 14jährige Sohn meiner Nachbarin wollte seinem Vater jahrelang beweisen, daß auch er einmal Klassenbester werden würde. Aber dies war einfacher gesagt als getan. Doch eines Tages geschah das Unerwartete: Karl-Heinz brachte es zum Klassenbesten. Als es die Zeugnisse gab und er sich versichert hatte, daß er das beste bekommen hatte, lief er schnurstracks nach Hause, um es seinem Vater voller Stolz zu zeigen. Als er seine Mutter in der Küche mit verweinten Augen antraf, ahnte ihm nichts Gutes. Auf die Frage, wo Vater denn sei, antwortete sie ihm: Vater ist zu einer anderen Frau gegangen und wird auch künftig nicht mehr nach Hause kommen. Auch dieser Junge tauschte etwas ein – nämlich das gute Zeugnis gegen den Weggang seines Vaters."

Wohlgemuth: „Ich erinnere mich auch an Begebenheiten, die dieses Naturgesetz besonders unterstreichen.

Kurz nach dem Kriege, als öfter große Berichte über Lottogewinner von sich reden machten, ging eines Tages die Meldung durch die Presse, daß der Tippschein eines Kunstmalers gewonnen hatte, der in ärmlichen Großstadtverhältnissen lebte. Der Kunstmaler wohnte zusammen mit seiner 20jährigen Tochter in einer kleinen Dachwohnung. Da Bilder zu dieser Zeit kaum Liebhaber fanden, mußten sich die beiden eher schlecht als recht durchs Leben schlagen. Als sie nun so unverhofft von ihrem Glück erfuhren, waren sie froh und überglücklich. Unter den ersten Anschaffungen, die der Gewinner machte, befand sich auch ein roter ‚Sportwagen'. Diesen schenkte er seiner Tochter. Die Tochter gab drei Wochen später eine große Party, zu welcher sie alle erreichbaren Bekannten und Freunde einlud. Als die Party zu Ende war, fuhren die jungen Leute nach Hause. Die Tochter unseres Kunstmalers saß mit im Wagen, als dieser bei hoher Geschwindigkeit aus der Kurve getragen wurde und zwei der Insassen den Tod fanden. Unter den Toten war – Sie werden es erraten – die Tochter unseres ‚armen', reichen Kunstmalers. Auch hier sehen wir, daß die Vorsehung dem Kunstmaler zwar den Reichtum gewährte, dafür aber seine leibliche Tochter forderte. Wenn Sie, meine Damen, in Ihrem eigenen Leben Rückschau halten, so werden Sie viele, viele Beispiele dieses uns im Schach haltenden Naturgesetzes finden. Die Vorsehung sorgt schon dafür, daß die Bäume nicht in den Himmel wachsen. Der Volksmund hat dies durchaus in seinen Sprachgebrauch aufgenommen. Denken wir an den Ausspruch: Wenn Gott ein Türchen zumacht, macht er ein anderes auf. Dies gilt auch umgekehrt: Wenn Gott ein Türchen aufmacht, so macht er ein anderes zu. Der Wandspruch: ‚Wenn du glaubst, es geht nicht mehr, kommt von irgendwo ein Lichtlein her', steckt voll soviel Lebenserfahrung, daß man ihn sich in ausweglosen Situationen ins Gedächtnis rufen sollte, damit man wieder neuen Mut und Vertrauen schöpfen kann.

Wenn wir also diese Dinge wissen, sollten wir niemanden mehr um irgend etwas beneiden. Beneiden wir nicht die Direktorengattin — vielleicht ist sie oder ihr Mann schwer krank. Beneiden wir nicht den berühmten Schauspieler — vielleicht ist dessen Kind blind oder gehbehindert. Beneiden wir auch nicht den erfolgreichen Unternehmer, denn vielleicht hat er nie in seinem bisherigen Leben den richtigen Partner gefunden und lebt vereinsamt und ist mit sich und der Welt unzufrieden."

Frau
Herzog: „Wenn ich Ihre Worte richtig deute, lebt also der Mensch am ungefährlichsten, der maßvoll in seinen Ansprüchen ist und dabei die wichtigsten Gebote ja nicht aus den Augen verliert!"

Wohlgemuth: „— Ja, so könnte man es sagen."

Frl. Balke: „Aber wo bleibt da denn der Fortschritt? Wenn wir uns alle dieser überirdischen Naturregel — ich meine jetzt: das ,Tausche gegen — Gesetz' — unterwerfen, traut man sich ja überhaupt nichts mehr zu wünschen, um nicht gegen dieses Gesetz zu verstoßen."

Überzogene Wünsche

Wohlgemuth: „Wer seine Wünsche an das Leben überzieht, merkt dies selbst am schnellsten. Denken Sie hierbei einmal an einen Fuchs, der wöchentlich in einen großen Hühnerstall eindringt, um sich dort ein Huhn zu stehlen. Bei den vielen Hühnern, die der Bauer hat, fällt dies zunächst gar nicht auf. Da der Appetit beim Essen kommt, wird unser Fuchs immer dreister. Schließlich werden seine Diebereien vom Bauer entdeckt, und dieser stellt ihm nun unerbittlich nach. Da unser Fuchs bereits früher in eine Falle geraten war, weiß er um deren Wirkungsweise, und der Bauer wartet vergebens auf sein Opfer.

Nun gut, denkt der Bauer, versuche ich es einmal mit Gift. Der Fuchs, der von der neuen Gefahr nichts ahnt, leckt sich seine mit Gift behafteten Pfoten, ohne zu wissen, daß er davon sterben wird. Genauso, wie dieser Fuchs, glauben viele Menschen, daß sie, wenn sie eine Falle, die einem ein überirdisches Wesen gestellt hat, kennen, nun alle Fallen kennen würden. Doch uns ergeht es so wie dem Fuchs: ,Wir werden das Opfer unserer eigenen Unredlichkeit.' Der

Kampf zwischen dem Bauern und dem Fuchs ist ein un-
gleicher Kampf. Wie ungleich ist dann erst dieser Kampf,
wenn er zwischen uns Menschen und einem göttlichen
Wesen geführt werden soll."

Frl. Balke: „Aber im Unterschied zum Fuchs, der ja ein Tier ist, können wir Menschen doch denken und selbst entscheiden,
was wir für gut und richtig halten."

Wohlgemuth: „Sind unsere Entscheidungen aber auch wirklich unsere
Entscheidungen? Wer manipuliert sie in uns? Wir selbst
unterliegen äußerlichen, von uns nicht kontrollierbaren,
Einflüssen. Man liest doch sehr oft: Er war nicht Herr
seiner Sinne. Er verlor die Herrschaft über sein Fahrzeug.
Der Jähzorn übermannte ihn usw... Ja, wer übermannte
ihn in diesem Augenblick? Die Wissenschaft sagt: Daß ‚Es',
eine unbekannte Kraft in uns, die uns alle ins Unglück werfen kann. Kommt dieses ‚Es', das uns übermannt, von
Gott? Stellen wir uns vor, eine überirdische Kraft hätte
wirklich die Möglichkeit, unseren eigenen Willen zu steu-
ern. Ein harmloser Streit könnte einen Menschen in ein
jähzorniges Ungeheuer verwandeln, da der Hebel ‚Es' bei
ihm eingeschaltet ist, welcher dann Impulse auslöst, die
weder von uns erdacht noch gewollt wurden. ‚Es' oder ‚Er'
hat uns dann übermannt."

Frl. Balke: „Verzeihen Sie mir bitte, aber ich möchte doch sicher gehen, daß ich Sie recht verstanden habe. Es ist mir sehr
wichtig. Beantworten Sie mir bitte folgende Frage: Nehmen wir an, ein brutaler Mann, der seine Familie miß-
handelt und Gott verhöhnt, soll für alle seine Verstöße
gegen die Gebote Gottes bestraft werden. Die Situation
ist fast wie die zwischen dem Bauern und dem Fuchs."

(Zwischenruf)
„... Gift streuen!" (lautes Gelächter im Saal)

Frl. Balke: (unbeirrt) „Da Gift nicht in Frage kommt, lähmt ganz einfach eine überirdische Kraft die Gedanken des brutalen
Kerls und läßt ihn sich plötzlich zu Tätlichkeiten hinreißen..."

(Zwischenruf)
„Gib dem Chef eine Ohrfeige!" (Tosendes Gelächter)

Frl. Balke: „... die ihm niemand dann verzeiht. Habe ich Sie richtig
verstanden?"

Wohlgemuth: Zunächst vielen Dank für den Zwischenruf mit der Ohrfeige. Aber in Wirklichkeit sind es oft viel gravierendere
Tätigkeiten, die viele Menschen ins Unglück stürzen und

von denen dann die Richter sagen: „Zur Tatzeit war er nicht bei Sinnen." Vielleicht könnte man da besser davon sprechen, man hatte ihn seiner Sinne beraubt, um ihn dann gegen sich selbst wüten zu lassen.

Frl. Balke: Die von Ihnen geschilderte Möglichkeit läßt sich aber durch nichts beweisen.

Wohlgemuth: „Da gebe ich Ihnen recht. Ich habe etwas laut gedacht und bitte um Nachsicht, wenn ich Sie damit gelangweilt haben sollte. Hereingenommen habe ich diese Frage allein zu dem Zweck, um bei den Damen einen kleinen Denkprozeß auszulösen, die felsenfest davon überzeugt sind, daß es weder ein göttliches Wesen gibt noch eine überirdische Kraft.

Lassen sie mich abschließend zum Religionskomplex noch folgendes sagen: Selbst wenn die Leute recht haben, die behaupten, sich an Gott zu wenden sei reine Zeitverschwendung, so möchte ich Ihnen entgegenhalten, daß wir doch niemals vergessen sollten, welchen menschlich heilsamen Einfluß die Gebote der Kirche auf die Menschheit hatten. Erst aus ihnen wissen wir doch, was gut und böse ist. Sicherlich möchte niemand von Ihnen unter Kopfjägern leben, die man niemals lehrte, was die Gebote bedeuten und welch weitreichende Wirkungen sie auf unser Leben ausüben."

Frl. Balke: „Besteht nicht die Gefahr, daß wir uns als moderne Frauen einer neuen Gängelei unterwerfen, wenn wir Ihre laut gedachten Gedanken uns zu eigen machen?"

Zwischenruf „. . . bravo, bravo!"

Wohlgemuth: „Wäre diese Gängelei für einen humanen Zweck so schlimm? Blicken wir in der Menschheitsgeschichte zurück, so litten unsere Vorfahren dann am meisten, wenn sie sich der christlichen Gebote oder Gängeleien, wie Sie es so ausdrücken, entledigten. Der Mensch ist in seinem Wesen so konstruiert, daß er zu Bösartigkeiten und Intoleranz neigt, sobald er Macht über seinen Mitmenschen ausüben kann. Wir brauchen unseren Blick nur auf die Diktaturen in der Welt zu richten, um zu ahnen, was uns allen bevorstünde, falls die christlichen Gebote auch bei uns außer Kraft gesetzt würden."

Unsere Kirchen werden immer leerer

Frau Friedrich: „Unsere Kirchen werden immer leerer. Ich glaube, sie würden sich rasch wieder füllen, falls man dort die gleichen Probleme behandeln würde. Ich gehe gerne zur Kirche. Aber jedesmal komme ich enttäuscht wieder heraus. Trost, Zuspruch und wegweisende Predigten werden dort einem älteren Menschen selten geboten."

Wohlgemuth: „In der Tat bleibt einem eine gute Predigt lange im Gedächtnis haften. Mir sind heute noch Zeit und Ort einer solchen in Erinnerung. Dabei war es nicht einmal eine Kirche, wo ich mich zu diesem Zeitpunkt aufhielt. Lassen sie mich aber am Anfang beginnen."

Ein Hotel in der Seitenstraße

Wohlgemuth: „Es war etwa vor 15 Jahren, als ich anläßlich einer Geschäfts- und Urlaubsreise die gastfreundliche Schweiz besuchte. Mein Hotel lag zwar mitten in der Stadt, hatte aber eine ruhige Umgebung in einer Seitenstraße. Als ich am ersten Morgen früher als gewohnt erwachte, strahlte bereits die Sonne durch das offene Fenster in mein Zimmer. Draußen pfiff jemand die Melodie von ‚Isola bella', so daß ich schließlich mein Bett verließ und neugierig ans Fenster lief.

Als ich hinunter auf die Straße blickte, sah ich einen Bäckerlehrling am Hotel vorbeiradeln, der einen großen Korb auf den Rücken geschnallt hatte, welcher mit knusprigen Brötchen bis zum Rande gefüllt war. Nun wußte ich auch, welcher Störenfried mich so frühzeitig geweckt hatte. Seine gute Laune hatte mich aber irgendwie angesteckt, so daß ich zufrieden mit mir und der Welt wieder zurück in das warme Bett schlüpfte. Während ich mich also wohlgefällig im Bett räkelte, fiel mein Blick auf einen weißgelben Lautsprecher über dem Zimmerschrank. In der Hoffnung auf ein schönes Morgenkonzert verließ ich zum zweitenmal meine Schlafstatt und schaltete den Lautsprecher ein. Doch statt eines Morgenkonzertes vernahm ich die Stimme eines Pfarrers, der gerade seine Morgenpredigt hielt. Sinngemäß lauteten seine Worte so:

‚Wer Sie da draußen im Lande auch sind, der Sie mir zu so früher Stunde schon zuhören, bedenken Sie, daß auch dieser strahlende Sommertag ein Geschenk Gottes ist. Danken Sie ihrem Schöpfer dafür, indem Sie ihre Mitmenschen, die alle Geschöpfe des Herrn sind, so behandeln, wie er es von Ihnen erwartet. Ja, werden Sie fragen, was erwartete er von mir? Nun, vielleicht sind Sie ein Bankdirektor, der heute viele Geschäfte zu erledigen hat. Erledigen Sie diese Geschäfte, aber bitte so, daß Sie sich heute abend noch vor dem Spiegel in die Augen sehen können. Vielleicht verhandeln Sie während des Tages mit einem Mann, der vom Lande kommt und nicht die Zinssätze ihrer Bank kennt. Nutzen Sie seine Unwissenheit nicht aus, sondern behandeln Sie ihn so wie ihre anderen informierten Kunden, und bedenken Sie, daß auch dieser Mann ein Geschöpf unseres Herrn ist, das Anspruch auf Ihre Hilfe hat. Vielleicht hört mich aber auch die Marktfrau, die zu so früher Stunde gerade dabei ist, ihren Marktstand aufzubauen. Es wird nicht mehr lange dauern und der erste Kunde wird sich bei ihr einfinden. Auch sie ist aufgerufen, den Tag ehrsam und in Ehrfurcht vor Gottes Allmacht zu beginnen. Enttäuschen Sie nicht Ihre Käufer, die Ihnen vertrauen und nicht betrogen sein wollen. Ansprechen möchte ich auch die Personalchefs von Handels- und Gewerbebetrieben, die heute auch wieder Menschen entlassen werden. Vielleicht klopft gerade heute eine in eine Notlage geratene Frau an Ihre Tür und bittet bescheiden um einen Arbeitsplatz. Denken Sie christlich, und zahlen Sie der Frau den Stundenlohn, der ihr auch zukommt. Nutzen Sie die Notlage dieser Frau nicht aus, denn sie ist auf Arbeit angewiesen. Auch Sie erwarten von ihrem Chef, daß er Ihnen das Gehalt zahlt, das Ihnen zusteht. Wenn Sie also der Frau nach bestem Willen helfen, so können Sie heute abend den Tag mit gutem Gewissen beschließen, da Sie so gehandelt haben, wie es Ihr Schöpfer von Ihnen erwartet hat.

So spreche ich Sie alle an, die Sie heute bald das Haus verlassen werden, um Ihren Beruf auszuüben. Gleich, ob Sie Bankdirektor oder nur die Putzfrau im Laden nebenan sind, handeln Sie an diesem wunderschönen Tag, bei all Ihren Aufgaben, so, daß Gott mit Ihnen zufrieden ist. Dann wird Ihnen bei allen Ihren Handlungen, seien es große oder kleine, der Segen des Herrn nicht versagt bleiben. Sehen Sie, meine Damen, diese Predigt am frühen Morgen, welche so unmittelbar ins praktische Leben hineinfaßte, gefiel mir so gut, daß ich mich noch heute an fast jedes Wort erinnere. Rückschauend bin ich vor allem dem Bäckerlehrling dankbar, daß er mich so früh durch sein munteres Pfeifen geweckt hat, so daß ich diese wegweisenden Worte hören konnte, die mein Leben bleibend bereichert haben."

Essen wir Tierleichen ?

Frl. Kuschelka: „Meine Schwester ist 48 Jahre alt und mit einem Mann verheiratet, der älter ist. Seit kurzer Zeit verlangt er von ihr, sie solle nur noch Rohkost, also vegetarisches Essen, zubereiten. Meine Schwester lehnt dies ab. Er ist darüber so sehr verärgert, daß er sich am liebsten scheiden lassen möchte. Was soll sie tun? Bleibt ihr denn nichts anderes übrig, als sich der plötzlichen Überspanntheit ihres Mannes zu fügen?"

Zwischenruf „. . . ein Diktator wohl!"

Wohlgemuth: „Um Ihre Frage zufriedenstellend beantworten zu können, müßte man schon wissen, ob es Ihrem Schwager mit seiner überraschenden Hinwendung zur vegetarischen Kost ernst ist. Vielleicht ist es nur eine vorübergehende Laune von ihm, welche nach einer gewissen Begeisterungswelle wieder verebbt."

Frl. Kuschelka: „Diese Laune hält bei ihm schon über mehrere Monate an. Hinzu kommt, daß er meine Schwester mehr und mehr verachtet, weil sie es nicht fertig bringt, auf den Verzehr von ,Leichen', wie er sagt, also Fleisch, Fisch und Geflügel, zu verzichten."

Zwischenruf: „. . . wenn der so weitermacht, ist er bald selbst eine Leiche." (Lautes Gelächter)

„Das Rauchen mußte sie auch schon einstellen. Meine Schwester raucht seit über 20 Jahren. Sie können sich sicherlich vorstellen, wie schwer ihr das gefallen ist."

Wohlgemuth: „Nun, aus den von Ihnen gemachten Angaben höre ich schon heraus, daß sich zwischen diesen beiden gereiften Menschen ein großes Eheproblem gebildet hat, welches durchaus in der Lage ist, diese Ehe zum Scheitern zu bringen. Die abrupte Abkehr von der bislang geübten Ernährungsweise stellt Ihre Schwester fraglos vor große Schwierigkeiten. Nachdem er behauptet, bei dem Verzehr von geschlachteten Tieren handle es sich um Leichen, ist auch eine Sinnesänderung bei ihm kaum zu erwarten.

Da er auch noch von ihr verlangte, das Rauchen für immer aufzugeben . . ."

Zwischenruf . . .

„Das könnte er mit mir niemals machen! Ich rauche selbst seit 20 Jahren."

(Tumult im Saal)

Wohlgemuth: „Meine Damen, ich bitte um Ruhe. Mit Unmutäußerungen kann diese schwierige Frage sicherlich nicht gelöst werden. Bedenken Sie bitte, um beim Rauchen zu bleiben, wir lesen doch heute selbst überall, welche große Gefahren das Rauchen für die Gesundheit mit sich bringt. Es ist leider eine unbestreitbare Tatsache, daß jeder, der sich dem Nikotingenuß hingibt, seine Lunge, die Magenschleimhäute und die Nerven ständig belastet. Tut er dies über Jahre hinaus, so wird er vielleicht eines Tages in eine Lungenheilanstalt eingewiesen oder an Magengeschwüren oder gar an Krebs leiden. Da die Raucherei auch die Nerven angreift, ist nicht ausgeschlossen, daß ihm eines Tages die Hände so stark zittern, daß er nicht mehr in der Lage ist, einen Löffel zu halten."

Zwischenruf:
„Das ist doch seine Sache!"

Wohlgemuth: „Nun, seine Sache ist es wohl, wenngleich auch hier nicht vergessen werden sollte, daß auch diejenigen Personen, die sich im gleichen Raum aufhalten, durch das Einatmen des Rauches nicht minder gefährdet sind. Um aber auf den vorhin gemachten Zwischenruf zurückzukommen, daß es dem Raucher seine ureigenste Sache ist, wenn er rauche und sich damit selbst gefährde, so bedenken Sie bitte, zu welcher familiären Belastung so ein Raucherschicksal führen kann.

Wenn also der Gatte, wie in unserem Fall, darauf besteht, seine Frau solle das Rauchen für immer einstellen, so muß man schon die Gesamtkonsequenz dieses ‚Ehe-Problems' berücksichtigen. Sehen wir von der finanziellen Seite einmal ab, inwieweit der Familienetat unter diesen Kosten leidet, so bleibt doch die Erwartung des Rauchenden nicht aus, die Familie und Umwelt bringe seiner späteren Krankheit größtes Mitgefühl entgegen. Mitgefühl für ein Leiden, welches er sich mutwillig und trotz aller eindringlichen Mahnungen zugezogen hat.

Aufzuwenden ist dann die Zeit für Krankenbesuche, Kosten für Hin- und Rückfahrt, ganz zu schweigen von den Sorgen, welche sich die Familie nunmehr um das zukünftige Wohl des Patienten machen wird."

Zwischenruf „. . . das Rauchen müßte verboten werden. Für die Krankenhauskosten müssen wir doch alle aufkommen!"

Wohlgemuth: „Sicherlich ist das auch ein Punkt, der nicht vergessen werden sollte. Niemand kommt an diesen Tatsachen vorbei, wenn er sie mit objektiven Augen betrachtet. Daher sollten wir auch nicht gleich einem Ehepartner eigensüchtige Motive unterstellen, wenn dieser uns nahelegt, das Rauchen einzuschränken oder gar aufzugeben. Zweifellos meint es der Ehegatte nur gut, wenn er beizeiten aus Zuneigung und Vorsorge darauf hinwirkt, daß vermeidbare Erkrankungen von der Familie ferngehalten werden."

(Händeklatschen im Saal)

Frl. Helmer: „Nachdem die Dame das Rauchen schon einstellen mußte, würde ich gerne wissen, was es mit dem Essen von Leichen auf sich hat? Oder soll diese Frage unter den Tisch fallen? Schließlich verlangt der Schwager der Dame auch noch fleischlose Kost."

Frau Krause: Ich finde, diese Frage gehört nicht hierher. Hier sollen nur Ehefragen behandelt werden. Wer sich für Ernährungsfragen interessiert, soll sich Kochbücher kaufen!

Frl. Helmer: „„Das finde ich ganz und gar nicht! Die Ehe dieses Paares ist gefährdet. Er will Rohkost . . ."

Zwischenruf „. . . und sie Leichen . . .!"
(lautes Gelächter im Saal)

Zwischenruf: „. . . die kommen nie mehr zusammen!"

Zwischenruf: „. . . sollen sich scheiden lassen!"

Zwischenruf: „. . . Leichensalat ist die Lösung!"
(stürmisches Gelächter im ganzen Saal)

Geist, Seele und Körper

Wohlgemuth: „Meine Damen, nachdem die letzten Zwischenrufe soviel Heiterkeit auslösten, möchte ich jetzt doch noch auf die zitierten Leichen näher eingehen. Sie haben sich in der Tat zu einem handfesten Eheproblem ausgewachsen, wie unser Fall zeigt.

Sie werden sich vielleicht errinnern, daß heute abend auch über die Voraussetzungen gesprochen wurde, welche eine zufriedenstellende Ehe, ich vermeide bewußt das Wort ,glücklich', erfüllen sollte. Es waren dies eine ausreichende Ernährung, die Stillung des Durstes und die sexuelle Entspannung. Während über die Wichtigkeit der körperlichen Liebe ausgiebig gesprochen wurde, haben wir Fragen einer richtigen Ernährung bislang nicht berührt. Sie ist jedoch nicht minder wichtig, wenn wir bedenken, welchen Einfluß unsere tägliche Ernährung auf unseren Körper hat.

Sicher kennen wir alle Menschen in unserem Bekanntenkreis, die starke Esser sind und laufend ihrem Körper zuviel Kalorien zuführen. Welche Auswirkungen hat dies letztlich auf deren Ehe. Man weiß heute, daß der schlimmste Feind für unsere Gesundheit eine falsche und zu reichliche Ernährung ist. Mit einem Satz, wir essen uns krank. Während wir in der Tierwelt beobachten können, wie widerstandsfähig und robust deren körperliche Konstitution bei naturgemäßer Ernährung ist, können wir unschwer beim Menschen feststellen, wohin es führt, wenn der Weg der richtigen Ernährung nicht mehr eingehalten wird. Mit anderen Worten, wir wüten gegen uns selbst. Auch wir haben jedoch vom Schöpfer einen Körper erhalten, welcher in seinem technischen Mechanismus so konstruiert ist, daß er bei naturgemäßer Ernährung nahtlos funktioniert und gegen Krankheiten in der Regel unanfällig ist.

Durch eine oft unverantwortliche Völlerei und durch Bewegungsarmut werden unsere körperlichen Organe dermaßen überbeansprucht, daß sie früher oder später sich durch quälenden Schmerz gegen diese Behandlung zur Wehr setzen. Ist der Schmerz erst einmal da, beginnen wir plötzlich darüber nachzudenken, wodurch er entstanden ist. Nicht selten sagt uns dann der Arzt, daß der Genuß von zuviel Fleisch, Fett, Süßigkeiten und Kuchen schuld daran ist, daß wir uns körperlich nicht mehr wohl fühlen. Kalorienreiche Getränke, wie Alkohol, Limonaden und süße Säfte, haben ebenfalls ein gerüttelt Maß schuld an dieser Entwicklung. Ein übersäuerter Magen, Bluthochdruck, Gicht, Kreislaufbeschwerden usw. sind alles Folgen zu reichlicher Ernährung.

Eingedenk dieser mißlichen Situation, in welche da immer mehr Menschen geraten, gibt es nun eine wachsende Zahl Einsichtiger, welche mit großem persönlichen Einsatz für eine rigorose Einstellung dieser gesundheitsschädlichen Lebensweise eintreten. Der Ruf dieser lobenswerten Mahner sollte daher nicht überhört werden. Wer also wider besseres Wissen seinen Körper durch Kalorienüberfeuerung laufend unter Hochdampf hält, braucht sich nicht zu wundern, wenn seine inneren Organe eines Tages gegen diese Mißhandlung schmerzhaft protestieren. Welche große Verantwortung der Hausfrau, also Ihnen, meine Damen, in der Zusammenstellung richtiger Mahlzeiten zukommt, soll hierbei keineswegs verschwiegen werden. Sie selbst wirken letztlich mit darauf hin, wenn durch einen einseitigen Speisezettel Ihre Familienmitglieder immer schwerer werden und damit zuviel Pfunde mit sich herumschleppen."
Zwischenruf: „. . . Mein Mann ißt, was ihm schmeckt!"

Zwischenruf: „... Sagen Sie das mal den Männern. Die hören sowieso nicht auf uns."

Frau Stark: „Seit meiner Übergewicht hat, ist er so gemütlich."

Zwischenruf: „... Und schnurrt wie ein Kater...!"
(Gelächter im Saal)

Wohlgemuth: „Nun, so lange der Kater so geruhsam schnurrt, werden Sie mit ihm wenig Ärger haben, da seine inneren Organe, wie Herz und Kreislauf, so belastet sind, daß sie seine geistigen Energien zwangsläufig lähmen."

Zwischenruf: „... was bedeutet das schon! Hauptsache er pariert."

Wohlgemuth: „Es bedeutet geistige Behäbigkeit, Schlafsucht und wenig Interesse am beruflichen Weiterkommen."

Zwischenruf: „... zuviel an Karriere denken, führt zu Streß und der ist auch nicht gesund."

Frau Stark: „Mein Mann ist Angestellter und hat 10 kg zuviel. Wir führen trotzdem eine gute Ehe, und das ist schließlich die Hauptsache, oder nicht?"

Frau Stahl: „... meiner hat sogar 20 kg Übergewicht. Mir ist er gerade recht so. Was soll ich mit einem geschniegelten und schlanken Kater. Der zum Schluß noch den anderen Frauen nachstellt."
(Gelächter im Saal. Einige klatschen Beifall)

Wohlgemuth: „Meine Damen, Sie möchten doch gerne alle ihren ‚schnurrenden Kater', wie vorhin gesagt wurde, lang behalten. Leider liegt hier das Dilemma. Aus statistischen Unterlagen, die jährlich von den Lebensversicherungsgesellschaften veröffentlicht werden, wissen wir, wie herzinfarkt-gefährdet gerade die von Ihnen so geschätzten übergewichtigen Männer sind."

Zwischenruf: „... erst füttert man sie jahrelang heraus und dann..."

Zwischenruf: „... gehen sie ein...!"
(Gelächter und Pfuirufe)

Wohlgemuth: „Wenn man bei einigen Kilo Übergewicht nicht gleich mit dem Schlimmsten rechnen muß, so gilt doch auch hier das bereits über das Rauchen Gesagte. Wenn Sie also Ihre Familie lange gesund erhalten wollen, müssen Sie absolut auf eine vernünftige Kalorienzufuhr mitachten."

Frau Stark: „Sonst können wir unsere Männer statt in die Lungenheilanstalt in die Entfettungskur schicken oder allzu früh in den Krankenhäusern besuchen. Das wollen Sie doch damit sagen."

Wohlgemuth: „Mit dieser Möglichkeit müssen Sie rechnen, wenn sich nicht vorher die Einsicht durchsetzen sollte, daß es letztlich doch besser ist, den Kater schlank, fit und gesund zu erhalten. Er dankt es Ihnen durch eine Reihe zusätzlicher Lebensjahre."

(Lauter Beifall)

Dame: „Sie schulden uns jetzt noch immer eine Antwort...!"

Zwischenruf: „... Wo bleiben die Leichen ...?"

Wohlgemuth: „Um auf die Frage antworten zu können, mußte ich zunächst auf die Zusammenhänge zwischen Ernährung und Gesundheit hinweisen.

Nachdem wir wissen, daß die Gesundheit uns nur dann bis ins hohe Alter erhalten bleibt, wenn wir uns maßvoll und richtig ernähren, erhebt sich als nächste Frage, welche Art wohl die gesündeste ist.

Hierbei gehen die Meinungen sehr weit auseinander. Während man von medizinischer Seite den Genuß von Fleisch, Fisch und Geflügel in angemessenen Portionen keineswegs für gesundheitsgefährdend hält, lehnen Rohköstler — also auch der Schwager unserer Fragestellerin — den Genuß von Fleisch, Fisch und Geflügel rundweg ab. Sie tun dies mit der Feststellung, der Verzehr von getöteten Tieren sei für den menschlichen Körper ungesund. Zusätzlich weisen sie kompromißlos darauf hin, daß der Genuß von abgeschlachteten Tieren auch aus ethischen Gründen abzulehnen sei, da er sich mit der Würde des Menschen nicht vertrage. Man spricht in diesen Kreisen immer wieder davon, daß der Mensch sich von Tierleichen ernähre, was er gar nicht nötig habe, da seine Verdauungsorgane viel gesünder blieben, wenn er reiner Pflanzenkost, Früchten und anderen in der Natur vorkommenden oder veredelten Produkte, wie Butter, Milch, Honig, Eier, Feigen, Datteln und reinen Pflanzenölen, den Vorzug gäbe.

Es gibt heute viele Menschen in der ganzen Welt, die für ihr Leben diese Art von Ernährung gewählt haben, dabei sehr alt wurden und davon überzeugt sind, dieser Ernährungsumstellung ein gesünderes und seelisch erfüllteres Leben zu verdanken."

Frl. Giebisch: „Wenn also, wie in unserem Falle, der Ehegatte verlangt, seine Frau solle das Rauchen einstellen und zukünftig nur noch Rohkost essen, so muß es sich bei ihm keineswegs um einen kleinen Diktator handeln."

Wohlgemuth: „Ich danke Ihnen für diesen Hinweis. Er beweist mir, daß Sie meine Ausführungen so verstanden haben, wie sie von mir gemeint waren."

Schlußwort

„Meine sehr verehrten Damen, zum Schluß dieses Abends möchte ich Ihnen allen für Ihr reges Interesse recht herzlich danken.

Wir waren in den vergangenen Stunden eine enge geistige Gemeinschaft, beladen mit der Bewältigung eines geballten Stoffes, der uns zum Teil persönlich so berührte, daß er oftmals zu sehr temperamentvollen Zwischenrufen herausforderte. Ich möchte daher auch den vielen Zwischenruferinnen meine dankbare Anerkennung nicht versagen, da sie mit Mut, Witz und Schlagfertigkeit zur Belebung und Bereicherung des Abends beigetragen haben.

Für unsere gemeinsame Zukunft möchte ich den Wunsch aussprechen, daß uns allen zeitweilig eine stille Stunde vergönnt sein möge, in welcher wir Muße haben, über die hier angesprochenen Punkte erneut nachzudenken, um sie im Bedarfsfalle für unser eigenes Leben nutzbar machen zu können. Zweifellos konnten viele der angesprochenen Probleme nicht so ausgiebig diskutiert und ausgeschöpft werden, wie wir uns dies alle gewünscht hätten. Trotzdem glaube ich, daß wir alle mit dem, was wir heute alles besprochen haben, zufrieden sein können, und wünsche uns, daß dieser Abend als bleibender Gewinn uns allen noch lange in Erinnerung bleibt.

Da dieser Vortrag in Buchform erscheinen wird, haben Sie auch später noch Gelegenheit, Verwandte und Freunde auf seine Existenz hinzuweisen. Bedenken Sie hierbei, daß in unserer hektischen Zeit oftmals ein hilfreiches Wort gefragter ist als ein belegtes Stück Butterbrot.

In diesem Sinne wünsche ich Ihnen allen eine gute Rückkehr in den Kreis Ihrer Familie. Auf ein baldiges Wiedersehen."

Ihr Wolfgang Wohlgemuth

... diese Seiten dürfen Sie erst nach sechs Wochen öffnen!

... Nanu! – Sie haben ja gleich geöffnet!

Dachte ich es mir doch! War es die weibliche oder die männliche Neugierde, die Ihnen doch keine Ruhe ließ? Da Sie nun mal da sind und die noch jungfräulichen Seiten angebrochen haben, müssen Sie auch weiterlesen und sich den Auflagen fügen, welche jetzt auf Sie lauern.

Normalerweise lesen wir alle einen Artikel, eine Zeitschrift oder ein Buch und legen es hinterher in ein Büchergestell oder werfen es in einen Papierkorb. Schließlich haben wir jede Seite gelesen und kennen den Inhalt. Damit ist diese Lektüre uns bekannt und für uns uninteressant geworden. Sechs Wochen später können wir uns nur noch sehr ungenau an das Gelesene erinnern.

Es wäre doch schade, wenn all die Erfahrungen und Erkenntnisse, welche in dem vorderen Teil dieses Buches niedergelegt wurden, ein gleiches Schicksal erfahren würden.

Sicherlich stimmen Sie mir darin zu.

Eine glückliche Ehe zu führen und sich ein ausgefülltes Leben zu gestalten ist keineswegs so einfach und naturgegeben, wie viele junge Menschen heute glauben.

Um das eigene Glück sich aufzubauen, bedarf es schon eines sehr gesunden Fundaments, also einer geistigen und körperlichen Verhaltensweise, welche erst die Voraussetzungen für das eigene Glück schafft.

Eigenartigerweise gibt es keine Eheschulen oder Institute, wo junge Menschen gelehrt werden, wie eine gute Ehe aufzubauen und weiterzuführen ist.

Zweifellos werden solche Einrichtungen eines Tages, gleich den Führerschein-Schulen, gegründet werden. Vielleicht mit Ehediplomen von ‚I-III' für verschiedene Berufsgruppen.

Schließlich werden an junge Frauen, die Männer mit den unterschiedlichsten Berufe heiraten, auch differenzierte Anforderungen gestellt.

Die junge Gattin eines Landarztes wird sicherlich mit anderen Problemen konfrontiert als die Gattin eines Polizisten.

Auf die Frau eines Fabrikanten warten andere Aufgaben als auf eine Verkäuferin, welche selbst mitverdient. Sie sehen an diesen wenigen Beispielen, wie groß das Feld der Erwartungen ist, in welches die junge Frau hineinwachsen soll. Um aber auf den Grund der zugeklebten Seiten zurückzukommen, die Sie nun mal geöffnet haben, möchte ich Ihnen vorschlagen, den folgenden Erinnerungs- und Ehetest erst nach den angeführten sechs Wochen durchzuführen. Sie haben dabei die große Chance, selbst kontrollieren zu können, was Sie von dem Vortragsabend in Erinnerung behalten haben, und dürfen auch überprüfen, ob Ihnen die eine oder andere Anregung bereits von Nutzen war.

Nach dieser Pause wird nachstehender Test für Sie besonders reizvoll sein und Ihnen sicherlich viel Freude bereiten. Wenn Sie es also fertigbringen, klappen Sie an dieser Stelle das Buch wieder zu und beginnen nach sechs Wochen, hier weiterzulesen.

Einleitung zum Ehetest

Damit sich die besprochenen Erkenntnisse bei der geschätzten Leserin noch vertiefen, beteiligen Sie sich bitte an dem folgenden Test, der Ihnen auch zeigen wird, welche kritischen Stellen in Ihrer Ehe immer wieder auftauchen. Die Führung einer glücklichen Ehe ist von einigen sehr wesentlichen Voraussetzungen abhängig. Im ersten Teil des Vortrages wurde — ‚L — I‘ (das Liebchen) behandelt.

Um herausfinden zu können, ob Ihre eigene Ehe eines Tages an ‚L—I‘ scheitern könnte, kreuzen Sie bitte folgende Fragen an. Vorher schlüpfen Sie bitte im Gedanken in die Haut Ihres Mannes und antworten an seiner statt.

Wie mich mein Mann sieht!
Er hält mich insgeheim für:

Positive Eigenschaften:

Ehrlich — genügsam — treu — ordentlich — verläßlich — sparsam — lebensbejahend — beherrscht — idealen Kumpel — gute Mutter — prima Köchin —

Insgesamt 11 Punkte können Sie in diesem Test unterstreichen! Sollten Sie 10 erreichen, so dürfte wegen ‚L—I‘ Ihre Ehe kaum gefährdet sein.

Negative Eigenschaften:

Unehrlich — treulos — schwatzhaft — zänkisch — nachtragend — verschwenderisch — unaufmerksam — putzsüchtig — bequem — trunksüchtig — nikotinsüchtig — humorlos — schlechte Köchin — lieblose Mutter — eigenmächtig — nachlässig —

Insgesamt 16 Punkte könnten Sie in diesem Test unterstreichen! Jeder allein ist schon so schwerwiegend, daß daran eine Ehe zerbrechen kann. Je weniger Sie anstreichen müssen, umso besser! Über die Punkte, die Sie anstreichen mußten, sollten Sie nachdenken. Einen Fehler erkennen, heißt ihn vermeiden!

Überlegen Sie bitte, warum Sie sich die letzten drei Male mit Ihrem Ehepartner zerstritten haben.

Hat Ihnen Ihr Mann vorgeworfen, zuviel Geld ausgegeben zu haben oder die Kinder falsch zu erziehen, so müssen Sie das genau so eintragen, wie wenn es Krach wegen dem Essen gab.

1. ....

2. ....

3. ....

„L–II" oder die „Lady"

Um herauszufinden, ob Ihre Ehe an „L–II", also der „Lady", scheiter könnte, kreuzen Sie bitte folgende Wörter an.

Wie mich mein Mann sieht!
Er hält mich insgeheim für:

Positive Eigenschaften:

Gepflegt – begehrenswert – ausgeglichen – interes sant – rassig – damenhaft – intelligent – anbetungs würdig – humorvoll – gewandt – keusch – harmo nisch – romantisch – begeisterungsfähig – redege wandt – bildungsfähig – weltoffen

Wenn Ihr Mann gerne ausgeht oder gezwungen ist, oft Partys zu ge ben, sollten Sie obige Punkte genau studieren!

Sie können bei diesem Test **17 Punkte** für sich buchen!

Je mehr auf Sie zutreffen, umso besser! Wer eine perfekte „Lady" wer den möchte, muß schon laufend an sich arbeiten. Tun Sie es, wo Sie meinen, eine weitere Abrundung Ihrer Persönlichkeit würde Sie selbs noch mehr befriedigen.

Negative Eigenschaften:

Ungehemmt – vorlaut – ichbezogen – langweilig – umständlich – ungepflegt – vulgär – hausbacken – kalt – bockig – ungeschickt – undiplomatisch – schwatzhaft – zu dick – phantasielos – unroman tisch – abgebrüht – reizbar

Insgesamt 18 Punkte können auf Ihr Konto kommen, allerdings sehr negative, wenn Ihnen die Rolle der Lady gar nicht liegen sollte. Wenn jeder einzelne von Ihnen auch nicht eine Ehegefährdung gleich aus- lösen muß, sollten Sie doch über die Punkte etwas nachdenken, welche Ihnen Ihr Gatte laufend ankreidet.

„L–III" oder das „Luderchen"

Um herauszufinden, ob Ihre Ehe an „L–III", also dem „Luderchen", scheitern könnte, unterstreichen Sie bitte folgende Wörter:

Wie mich mein Mann sieht!
Er hält mich insgeheim für:

Zärtlich — sinnlich — geheimnisvoll — eroberungs-
würdig — romantisch — schamhaft — begehrenswert
— demütig — schön — tolerant — hingebungsfähig
— temperamentvoll — abwechslungsfreudig

Insgesamt 13 Punkte können hier auf Ihr Habenkonto kommen, wenn
Sie es verstehen, Ihren Gatten mehr Abwechslung ins Schlafgemach
zu bringen. Wieviel, meinen Sie, treffen auf Sie zu? Welche Eigenschaften vermißt Ihr Gatte noch bei Ihnen? Überdenken Sie all die
Punkte, wo Sie das Gefühl haben, Ihr Gatte ist mit Ihnen unzufrieden.
An „L—III" scheitern heute mit die meisten Ehen! Man sollte das nicht
vergessen!

Negative Eigenschaften:

Lieblos — geschlechtskalt — reizbar — unhygienisch —
langweilig — egoistisch — ungeschickt — vulgär —
abgebrüht — schwatzhaft — unromantisch — verständ-
nislos — hemmungslos — eingebildet — zänkisch —
schamlos

Von diesen **16 Punkten** wiegt ein jeder so schwer, daß er zu einer ernst-
haften Ehegefährdung führen kann. Sollte auch nur einer auf Sie zutreffen, so sollten Sie auf rasche Abstellung dieses Nachteils bedacht
sein. Die Zuneigung Ihres Gatten dürfte Ihnen dann erhalten bleiben.

In folgenden Punkten gab es schon handfeste Ehekrisen:

1. ....

2. ....

3. ....

Da sich aus der Lebenserfahrung heraus sagen läßt, daß sich Ehekrisen
meist immer wieder an denselben Problemen entzünden, gilt es für Sie
von nun an, den oben eingetragenen Punkten Ihre besondere Aufmerksamkeit zu widmen.

Es gibt einen Erfolgsausspruch für Manager, der lautet:

„Richtigmachen verbürgt den Erfolg,
Falschmachen den Mißerfolg"

Um also in Zukunft die in Ihrer Ehe herausragenden Eisberge erfolgreich umschiffen zu können, müssen Sie sich eingestehen, was Sie selbst bisher getan haben, daß es zu Mißhelligkeiten in Ihrer Ehe kam. Wenn Sie jede Phase bis an den Punkt zurück verfolgen, an welchem es kritisch wurde, werden Sie schnell herausgefunden haben, an welcher Stelle Sie durch ein verkehrtes Reizwort oder eine von Ihrem Partner unerwartete Handlung falsch reagiert haben. – Finden Sie bei der nächsten Auseinandersetzung das richtige Wort, so haben Sie schon durch Ihr diplomatisches Verhalten die erste Eisspitze umschifft. Das soll keineswegs bedeuten, daß Ihre Rechte dadurch geschmälert werden sollen. Im Gegenteil! Handeln Sie überlegt, und warten Sie den Zeitpunkt ab, der für Ihr Anliegen günstig ist. Einem Mann, der einen Verdienstausfall zu beklagen hat, laufend vorzuhalten, die Schulzens von nebenan fahren diesmal wieder um vierzehn Tage länger in den Urlaub, ist genau so unklug, wie einen leidenschaftlichen Fußballanhänger wegen seiner sonntäglichen Fußballplatzbesuche laufend mit Vorwürfen zu überhäufen.

Streben Sie immer nur das „Machbare" an. Sie werden dann ihrem Ziel Stückchen um Stückchen näher kommen.

**„EIN MANN BLEIBT EIN MANN
UND DAMIT EIN JÄGER SEIN LEBEN LANG."**